ELIOOO
エリオ

IKEA® 製品を使った自家栽培装置の作り方

アントニオ・スカルボーニ

赤尾 木織音 訳

3rdO books

『エリオ： IKEA®製品を使った自家栽培装置の作り方』
2013年3月　　初　版（英語）　第一刷発行
2014年3月　　初　版（日本語）第一刷発行

原著　　　Antonio Scarponi（アントニオ・スカルポーニ）
翻訳　　　赤尾　木織音
発行所　　ThirdO Books

3rdO

Hermetschloostrasse 70 #2.16
8048 Zurich, Switzerland
www.3rdo.com

ISBN 978-3-9524132-4-1

©Antonio Scarponi / Conceptual Devices, 2014. All rights reserved.

免責事項
著者、翻訳者、発行者は、内容の正確性・完全性・有用性・最新性・信頼性等（これらを含むが、これらに限らない）に関して保証するものではありません。できるかぎり安全に配慮した上での情報提供に努力しておりますが、この本のご利用につき生じた、いかなる被害・事故・故障・怪我・病気・第三者とのトラブル・その他損害に関して、著者、翻訳者、発行者は一切責任を負いません。

イケアの商品名、商品番号、価格等は、2014年1月現在のものです。

この本は IKEA®スイスの支援とインディーゴーゴー (Indiegogo) クラウドファンディングキャンペーンでの協力により実現されました。ご支援ありがとうございました。

本書についてのお問い合わせはこちらへ：

赤尾　木織音
kionekochi@gmail.com

アントニオ・スカルポーニ　Antonio Scarponi
建築家・デザイナー

建築とデザインの事務所、コンセプチュアルデバイセズ
[onceptual)evices を設立。クーパーユニオン建築学部在学後、ヴェネツィア建築大学 (IUAV) でアーバンデザインの博士号を取得。
2008年カリー・ストーン・デザイン賞受賞。
(Curry Stone Design Prize)
2012年カテルバ・サステイナビリティー賞ノミネート。
(Katerva Sustainability Award)

www.conceptualdevices.com

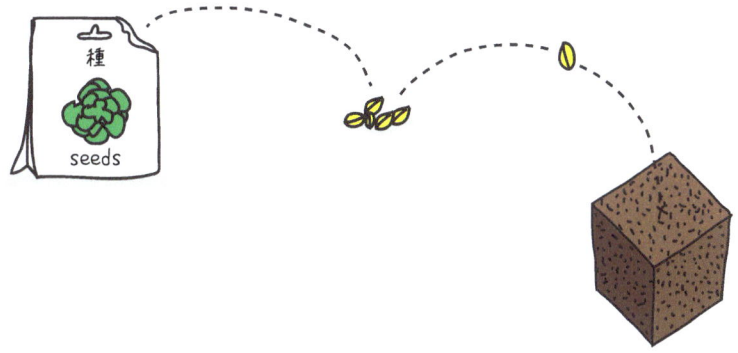

目次

まえがき　　　　　　　　　　　　　　　　　　　　　　　11

リサーチという過程　　　　　　　　　　　　　　　　　　13
またはこのプロジェクトの原点

長いありがとうの言葉　　　　　　　　　　　　　　　　　17
謝辞

ハイドロポニックスの五つの課題　　　　　　　　　　　　21
　1　　苗　　　　　　　　　　　　　　　　　　　　　　23
　2　　容器　　　　　　　　　　　　　　　　　　　　　36
　3　　酸素　　　　　　　　　　　　　　　　　　　　　41
　4　　肥料　　　　　　　　　　　　　　　　　　　　　45
　5　　光　　　　　　　　　　　　　　　　　　　　　　54

エリオ(ELIOOO) 食べ物を育てよう　　　　　　　　　　59
　エリオ #4　　　　　　　　　　　　　　　　　　　　　61
　エリオ #8　　　　　　　　　　　　　　　　　　　　　69
　エリオ #デスク　　　　　　　　　　　　　　　　　　　80
　エリオ #30　　　　　　　　　　　　　　　　　　　　99
　エリオ #30モバイル　　　　　　　　　　　　　　　　117
　エリオ #30モバイル　オフグリッド　　　　　　　　　143

あとがき　　　　　　　　　　　　　　　　　　　　　　151

「平手打ちマネジメント」　ーマニフェストノートー
エイドリアン・ノッツ　　　　　　　　　　　　　　　　153

訳者あとがき　　　　　　　　　　　　　　　　　　　　157

まえがき

この本を読んで、あなたもアイデアをカタチにしませんか？

エリオ（**ELIOOO**）は、まだ生産されていない商品の製造マニュアルです。あなたが作らなければ存在しない商品。それは、イケアの収納ボックスとこのマニュアルを使って、簡単に作れる自家栽培「装置」です。

このシステムは、土の代わりに水を使うハイドロポニックス（水耕栽培）を利用しています。ハイドロポニックスを選んだ理由は、土壌栽培に比べ約90％も節水ができ、コンパクトで、成長段階全ての養分をコントロールできるから。さらに、水やりをする必要はありません。

私は、ハイドロポニックスの色々なテクニックを組み合わせ、家庭でも簡単に使えるシステムをデザインしました。つまり、エリオを使えばあなたも農家に、あるいは都市農家になれるということです。でも、この本はアーバンファーミング（都市農業）やハイドロポニックスの参考書ではありません。イケア商品を利用して簡単に作れるハイドロポニックスシステムのマニュアルです。私はこのシステムを「エリオ」と名付けました。

私は、「物」ではなく「知識」がデザインの最終的な形であると考えています。デザイナーとして私は、色々な分量や寸法を視覚化し、情報をまとめ、工程を説明します。具体的な設計図を見せるよりも、自分のデザインについて物語を作り、そのストーリーを語りながら説明する方が効果的な場合もあります。通常なら、その物語とイラストが職人の手に渡り、彼らによってデザインが実現されるのですが、私は職人に限らず、誰にでも作れるデザインを目指しています。今の時代においてデザインは、世界を最大の創造産業、「群衆工場」(crowd factory) に変える力を持っています。ただ単に新しい物を製造し、小売店に流通させ、生産や販売を再考案し続けるのではなく、既にある物の「新しい組み合わせ方」を探るべきだと思います。

エリオは、私がデザインしたイケア商品の「新しい組み合わせ方」です。誰でもイケアがどこにあるか、そして商品がどれくらいの値段かを知っていると思うので、エリオの材料として選びました。

デザインの目的はインスパイアする、つまり新しいアイデアをもたらすことでもあります。

エリオは、改造しやすいようにデザインされているので、本の中のアイデアをもとに、是非あなたのオリジナルシステムを開発してみて下さい。

組み合わせ方で遊んだり、新しい材料を使ったり、改良、創造、発明して、自分で食べ物を育てよう。

エンジョイ！

AS

リサーチという過程
またはこのプロジェクトの原点

エリオには、かなり長いバックストーリーがある。全ては私が「リサーチ」と呼ぶ過程の結果だ。私はよくこの種のプロジェクトを行い、以前にもイケア商品を使っていた。初めて使ったのは2008年。当時、ステファノ・ボエリがディレクターを務めていたイタリアのデザイン誌、アビターレ (ABITARE) がトリノでデザインコンペティションを主催した。募集内容はコミュニティ、デザイナー、企業をつなげ、地域特有のニーズと「場」に応じたプロトタイプのデザイン。私は、マルコ・ランプニャーニと共に応募した。

マルコと私はフリーマーケットをリデザインすることにした。提案内容が採択され、マーケットを主催するボランティア団体とワークショップを開くことに。そこで、このフリーマーケットがヨーロッパの中でも特に貧しく、売り物はジャンク品やがらくたばかりであることが分かった。私たちが担当したのは、出店者スペースの仕切り、運搬用のキャリーカート、そして雨と日よけテントのデザイン。アビターレの編集者、ルチア・トッツィと話し合った結果、イケアイタリアの広報スタッフ、ヴァレリオ・ディ・ブッソロの協力により、イケア社からのスポンサーシップを獲得。これをきっかけに、材料を全てイケアで調達することにし、このプロジェクトを「RIKEA」と命名した。その後、2009年ロッテルダムで行われた国際建築ビエンナーレ (International Architecture Biennale Rotterdam) へ招待され、RIKEAは選外佳作となった。

それから数ヶ月後、ペドロ・ガダーニョが手がけるプロジェクトへの参加を依頼された。新たなシリーズ『Beyond』に掲載するSFショートストーリーを書いてほしいとのこと。テーマは未来都市の「シナリオと推測」。私は全ての資源が製造物へと作り変えられた世界を想像し、そこに存在するフリーマーケットについて書いてみた。製造物であふれた環境の中、デザインは貴重な「情報」であり、何を作るにも欠かせない「知識」だった。そして、デザインとは、毎回違う方法で物を組み合せ、再利用し続ける行為を意味した。これこそが、RIKEAのコンセプトだった。

2011年には、再びSF的なプロジェクトに関わる機会が訪れる。今度は、魚の養殖と野菜の栽培を同時に行う (アクアポニックス) ユニットのデザインを頼まれた。アーバン・ファーマーズ (Urban Farmers) というスタートアップ企業のため、屋上アクアポニックスファーム (スイス、バーゼル) に取り組む傍ら、ユニットの製作を始めた。

ここでもイケア商品を使った。アクアポニックスの仕組みについて詳しく知るため、リサーチプロジェクトを開始し、アパート内で可能な食料生産量を調査した。栽培装置の性能についてはアーバン・ファーマーズの共同設立者、アンドレアス・グラバーにアドバイスをもらい、結果、アクアポニックス装置「マルサス：一日一食」が誕生。マルサスを使えば、一日あたり魚約200gとサラダー人分が生産できる。少々皮肉を込めてトマス・ロバート・マルサスの名を借りたのだが、理由は彼の『人口論』(1798)の中にこんな一文があるからだ：「人口増加力は地球環境が人類のために供給できる食糧生産力を遥かに越える[*1]」 当時、地球の資源や生産力を疑うことなど前代未聞の考えだった。私は「マルサス」を通して、いまだ議論されている人口増加と食糧生産の関係を追求したかった。「マルサス」はストックホルムでペオ・ハグストルムがキューレートした展覧会、「パワーランドスケープ」(Power Landscapes) からの資金で実現し、私のオフィスに芽を出した。

デザイナーの私は、アイデアに形を与え、物へと変える仕事をしている。理想の社会をつくることはできなくても、その理想の社会を物語る「かけら」をデザインすることはできる。エリオは、そんなかけらの一つとして作った。具体的なデザインは、チューリッヒダダ発祥の地、キャバレー・ヴォルテールで行われた展覧会から生まれた。タイトルは「ダダ・ニューヨークII:世界資本主義を叩き潰す革命」展 (DADA New York II: Revolution to Smash Global Capitalism)。出展者は、反消費主義パフォーマンスアーティスト、ビリー牧師、カルチャー・ジャミンググループ、イエスメン、そしてロシアのパフォーマンスグループ、ヴォイナ。私は「政治に無関心である」という発言自体が政治的だと思っているので、デザインを自分のアクティビズムとしている。この展覧会では、「資本主義を叩き潰すには、まず資本主義が必要である」というアイロニーを探ってみることにした。
この会をイケア商品のみでデザインするという考えは後で思いついた。コンセプトは、3ヶ月後、つまり展覧会終了後に返品できるインスタレーションを組み立てること。イケアストアのポリシーによると、購入後90日以内ならほとんどのものが返品可能だ。私がデザインしたかったのは、世界中どこでも、イケアストアに行って材料を集めるだけで再現できる展覧会だった。これなら多くの国で同じ会が開け、コストも最低限に抑えられる。展示空間は「本部」、「コンセプトストア」、「ワークショップスペース」のコンビネーションとしてデザインし、3つの材料 (TROFAST (トロファスト)収納ボックス、ANTONIUS (アントーニウス) 本棚システムと結束バンド) で必要なもの全てを揃えた。収納ボックスをつなげ、ベッド、ランプ、ベッドサイドテーブル、大きな本棚3つ、テーブル2つ、スツール、アームチェア、そしてソファまで作り、エイドリアン・ノッツとフィリップ・メイエーと共に、このインスタレーションを「Readykea」と名付けた。そしてReadykeaは、キャバレー・ヴォルテール史上最安の展覧会となった。

脚注：
[*1] "The power of population is indefinitely greater than the power in the Earth to produce subsistence for man." Taken from *An Essay on the Principle of Population* (1798) by Thomas Robert Malthus.

数ヶ月後にスザンナ・レグレンツィ、ステファノ・ミルティ、マルコ・ペトローニらに招待され、「フォスターケア」(Foster Care)という展覧会に参加した。ミラノサローネ国際家具見本市の期間中で、一晩だけの展示だったが、私は Readykea コレクションに新たな作品を加え、出展した。その作品が、ハイドロポニックスシステム「ゾロアスター」(現「エリオ#30」)。この展覧会の後、同じ部品を使った様々なハイドロポニックスシステムの可能性に気付く。イケアに協力を求め、クラウドファンディングキャンペーンでこの本を出版する計画を説明すると、再び支援してくれることになった。

長いありがとうの言葉 謝辞

長くなりますが、この本の製作に協力して下さった方々へ感謝の言葉をここに書きたいと思います。このプロジェクトは、たくさんの方々の協力を得て実現しました。イケアスイスで広報マネージャーを担当しているデヴィッド・アッフェントレーガーは、やると決めたことを最後までしっかりやり遂げてくれました。エリオのクラウドファンディングキャンペーンは、イバンゲリーナ・グエラ・ルヤンとヒメナ・クインターナのアイデア、そして編集者アンバー・ヒッキーの助言なしには不可能でした。ミラノサローネでの展示前からエリオの写真撮影に協力してくれたモニカ・タロッコ、カルロ・ピザニ、エレオノーラ・スタッシらにも感謝しています。

私の事務所、コンセプチュアルデバイセズで様々な問題解決に力を貸してくれたステファノ・マッサは、クラウドファンディングキャンペーンで使用したビデオの撮影、そしてエリオホームページ (eliooo.com) のコーディングも引き受けてくれました。また、友人、コラボレーターとして、彼の根気強さに感謝しています。ティド・フォン・オペンは「エリオ」を現代デザインの課題と結びつける手伝いをしてくれました。編集者、ニュアンス・ワーズ (Nuance Words) のリズ・ヘンリーには大変お世話になりました。私にとって英語は母国語ではないので、英文を書くのが苦手です。どこか暗く、込み合った部屋の中を歩いているようで、誰かの足を踏んでしまうのでは、と不安になります。そんな中、編集者のリズ とアンバーは私を導いてくれました。ありがとうございました。

クラウドファンディングを通して協力してくれた皆さんには、本当に感謝しています。ご協力がなければ、このプロジェクトは実現しなかったでしょう。皆さんは、この本の「読者を製造者に変える」というコンセプトを、出版前から支援してくれました。コンセプトの製造者であるだけでなく、プロデューサー、ファシリテーター、スポンサー、そしてこのアイデアのアンプリファイアーとしてプロジェクトの拡大にも貢献してくれた以下の皆さん、ありがとうございました：

Alberto Gascon, Aldo Mazola, AllyMotorcade, Andrea Botto, Andrea Zausa, Andreas Schmeil, Anna Barbara, Attilio Barzaghi, August Flassig, Boonkai Lee, Chin Yi Chieng, Chris Amos, Christ Niewiarowski, Christian Langenegger, Claudia Meier, Claudio Farina, Chrstina Perillo, Christina Senatore, Daniel Frei, Daniela Bettoni, Danika Hadgraft, David Schneller, David Van Berckel, Davide Sacconi, Deanna Brown, Elisa Ossino, Eric Damon Walters, Evelyn Leveghi, Felix Kuestahler, Fredrick Wells, Giacomo Pirazzoli, Gianluiji D'Angelo, Gillard Magalie, Gioia Guerzoni, Greg Perkins, Janelle Wohltmann, Jeremy

Hulette, Joyce Miletic, Julia Graf, Kren Smith, Kaspar Manz, Kate Hofman, Kimball Finigan, Koen Verschaeren, Laura Basco, Lisa Asmussen, Lisa Rempp, Louis Silverman, Lucia Giuliano, Magnus Dahlstrand, Maria Costea, Mariano Dallago, Mariana Metaxa, Mario Cantarella, Marius Finnstun, Mark Dunro, Martin Locher, Martin Pfaundler, Mather Kinghorn, Maurizio cilli, Melanie Gajowski, Michael Keller, Natascia Fenoglio, Nathan Wolf, Nicole Sauvageau, Olle Lundell, Pablo Castillo, Pamela Ferri, Paolo Priolo, Paul Fields, Phillip Frankland, Rachele Storai, Rebecca De Marchi, Rebecca Defoe, Robert Mason, Samuele Anzellotii, Simona Gelateo, Stefan Hornke, Stefan Leijon, Stefano Mirti, Steve Swiggers, Stewart Adams, Susanna Legrenzi, Tammy Johnson, Taroh Kofure, Taylor Banks, Thalia Lehmann, Tieme Van Veen, Vincent Uher, Walter Nicolino, Younjin Kim

匿名の寄贈者の皆さんにも感謝しています。
販売代理店のベジ・アンド・ザ・シティ(Veg and the City)とナード・コミュニケーションズ (Nerd Communications)、本を事前に注文して下さった方々、そしてeliooo.comでネットオーダーして下さった皆さん、ありがとうございました。

クラウドファンディングを成功させるには努力が必要です。でも、努力だけでなく、運も必要であると実感しました。私はたくさんの時間をこのキャンペーンに費やしましたが、幸運でもあり、そのために数多くの方々の協力を得ることができたのだと思います。友人のダニエル・フレイにはアドバイスをもらいました。レモ・リケッティはフェイスブックの誕生日機能を利用したマーケティングを発案してくれました。レモ、ダニエレ・マンチーニと共にグラン・トリスタ (Gran Tourista) というグループを結成したステファノ・ミルティはグラン・トリスタのフェイスブックページで、告知と宣伝に協力してくれました。

ブログやソーシャルメディアでこのプロジェクトを紹介し、記事を書いてくれた方々にも感謝しています。ティナ・ロス・アイゼンバーグとマリア・ポポヴァは、キャンペーン最後の追い込みの際、力になってくれました。ブログ「ツリーハッガー」(Treehugger) のジェニファー・ハッタム、そして「ポップアップ・シティ」(Pop-up City) のスマンドロ・チャッターパディヤーイにはとても正確で立派な記事を書いていただき、ありがたく思っています。

最後になりますが、妻フェードラには資金面でも協力してもらい、人生のコラボレーターとして、心から感謝しています。そして本書『エリオ』を我が娘に捧げます。いつかクレイジーなお父さんのことを笑いながら、この本を読む日が来ることを願って。

英語名のスペル（登場順）

リサーチという過程　（またはこのプロジェクトの原点）

アビターレ	ABITARE（ツイッター：@abitare）
ステファノ・ボエリ	Stefano Boeri (@StefanoBoeri)
マルコ・ランプニャーニ	Marco Lampugnani (@mlampu)
ルチア・トッツィ	Lucia Tozzi
ヴァレリオ・ディ・ブッソロ	Valerio di Bussolo
ペドロ・ガダーニョ	Pedro Gadanho (@pedrogadanho)
アンドレアス・グラバー	Andreas Graber
ペオ・ハグストルム	Po Hagstörm
ビリー牧師	Reverend Billy
イエスメン	The Yes Men
ヴォイナ	Voina
スザンナ・レグレンツィ	Susanna Legrenzi
ステファノ・ミルティ	Stefano Mirti (@stefi_idlab)
マルコ・ペトローニ	Marco Patroni

ありがとうの長い言葉（謝辞）

デヴィッド・アッフェントレーガー	David Affentrager
イバンゲリーナ・グエラ・ルヤン	Evangelina Guerra Luján (@＿＿＿thenomad)
ヒメナ・クインターナ	Jimena Quintana
アンバー・ヒッキー	Amber Hickey
モニカ・タロッコ	Monica Tarocco (@moniemmeti)
カルロ・ピザニ	Carlo Pisani (@carlopisani)
エレオノーラ・スタッシ	Eleonora Stassi (@eleonora_sta)
ステファノ・マッサ	Stefano Massa (@doctorcrowd)
ティド・フォン・オペン	Tido Von Oppeln
リズ・ヘンリー	Liz Henry (@whereareyouliz)
ベジ・アンド・ザ・シティ	Veg and the City (@Veg_andthecity)
ナード・コミュニケーションズ	Nerd Communications (@nerdcomms)
ダニエル・フレイ	Daniel Frei (@da_frei)
レモ・リケッティ	Remo Ricchetti (@remo_richetti)
グラン・トリスタ	Gran Touristas (@GranTouristas)
ダニエレ・マンチーニ	Daniele Mancini
ティナ・ロス・アイゼンバーグ	Tina Roth Eisenberg (@swissmiss)
マリア・ポポヴァ	Maria Popova (@brainpicker)
ジェニファー・ハッタム	Jennifer Hattam (@jenhattam)
スマンドロ・チャッターパディヤーイ	Sumandro Chattapadhyay (@ajantriks)

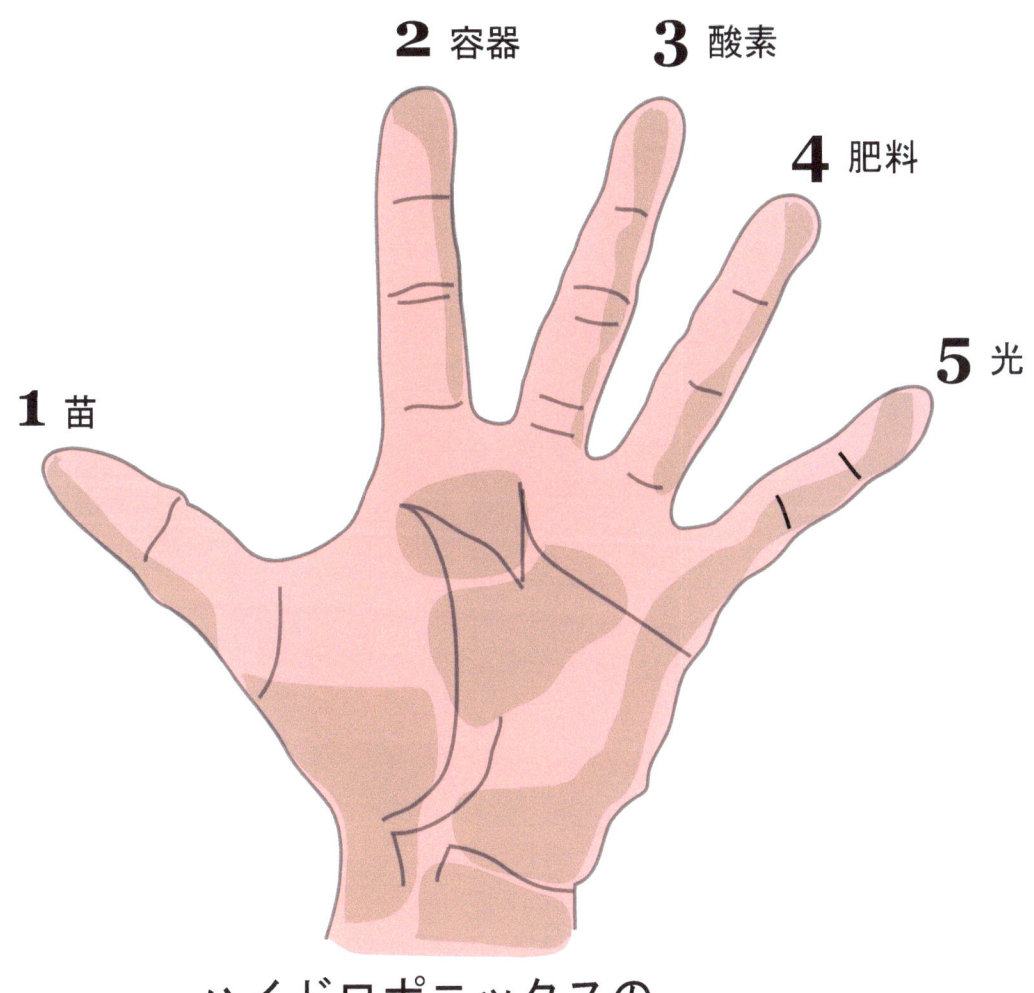

そもそも作物の栽培に土は不要である。植物は地面から生えていなくてもよいのだ。ハイドロポニックスでは土の代わりに水（養液）を使って栽培する。養分と酸素さえ与えれば、植物は水だけでも育つ。

土の役目は大きく分けて二つある。一つ目は、植物が上向きに育つよう、根を支えること。二つ目は、植物に必要な養分と酸素を与えること。土に含まれる栄養素は、有機物質の分解によって作られ、酸素は、土壌粒子の隙間に保持される。粘土質の土壌は粒子が細かく、圧縮されているので酸素量が少ない。そのため作物が育ちにくい環境となる。だが、水に養分と酸素が含まれていれば、どちらも根から吸収でき、土壌の問題は解消される。

土壌栽培と比べると、ハイドロポニックスでは約90％もの節水が可能だ。少ないスペースでより多くの作物を育てられ、土に生存する病害虫や病原菌もカットできる。雑草が育たないため、もちろん除草剤不要。そして水に直接植えるので、土壌の準備も必要なく、収穫後すぐに植え替えられる。

ハイドロポニックスで成功するには、五つのデザイン課題を乗り越えなければいけない。この本で提案するのはイケア商品とガーデニング用具を使い、スペースをうまく利用しながら課題を解決していくシステム。解決策は無限にあるが、シンプルで、手頃な材料を使った私のアイデアが「エリオ」なのだ。

課題

苗

苗を自分で育てることは重要だ。自分で育てれば、種の種類、品質、産地まで選ぶことができ、害虫などのリスクも抑えられる。

苗を育てる方法は二つある。
一つ目は、種を培地に植えて発芽する方法。
二つ目は、挿し木をして殖やす方法。

苗の準備に必要なもの：

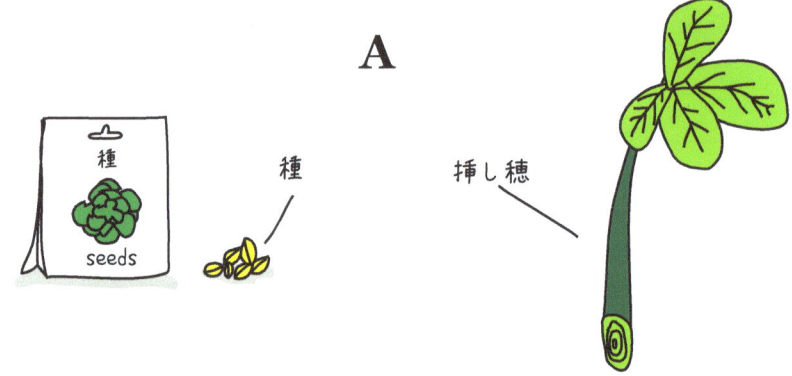

苗の育て方は26-35ページ参考。

ネットポット（穴鉢、水耕ネットカップ）は黒の物が多く、網目を通して水中へ根が育つようにできている。エリオ用には直径5センチほどのものが最適。

ポットをDIYで自作することも可能だ。小さめのヨーグルト容器を用意し、根が通るくらいの小さな穴をたくさんあければ完成。

C

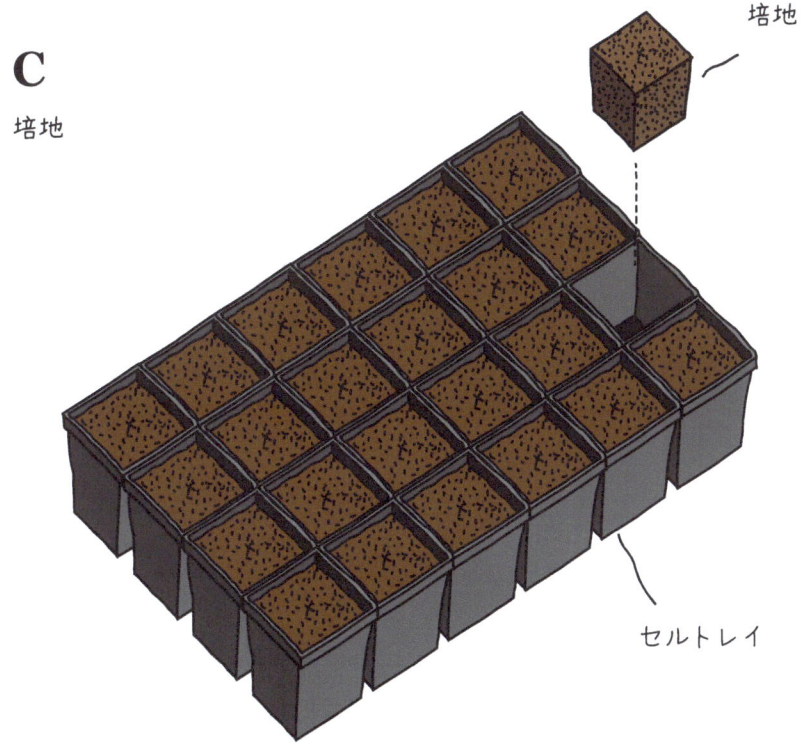

培地

培地

セルトレイ

培地は種類が豊富だ。私は、ココナッツファイバーとコンポストの固形状のものが気に入っている。(訳者注：日本ではU-Gro社の「ココ培地」やグリーン・グリーン社の「スポン土」等が販売されている。)これは有機物質でできていて、トレイから取り出す時にも崩れないので使いやすい。さらに、根を下に導くため、ハイドロポニックスに適した苗を育てられる。色々な形やサイズがあるので、**B**のポットに合ったものを選ぼう。

D

ハイドロボール

ハイドロボール、クレイペブルス（発泡煉石）は、土のように苗を支える役目を果たしてくれる。pH中性で軽く、値段も手頃なハイドロボールは園芸店などで簡単に入手できる。ただ、ポンプを使用するシステムの場合、ハイドロボールに付着している粒子が水中で器具を傷つけることがあるので要注意。水で軽く洗い流してから使おう。その他パールライト、ココゴイヤー、ロックウールなども培地に向いている。

種を植える

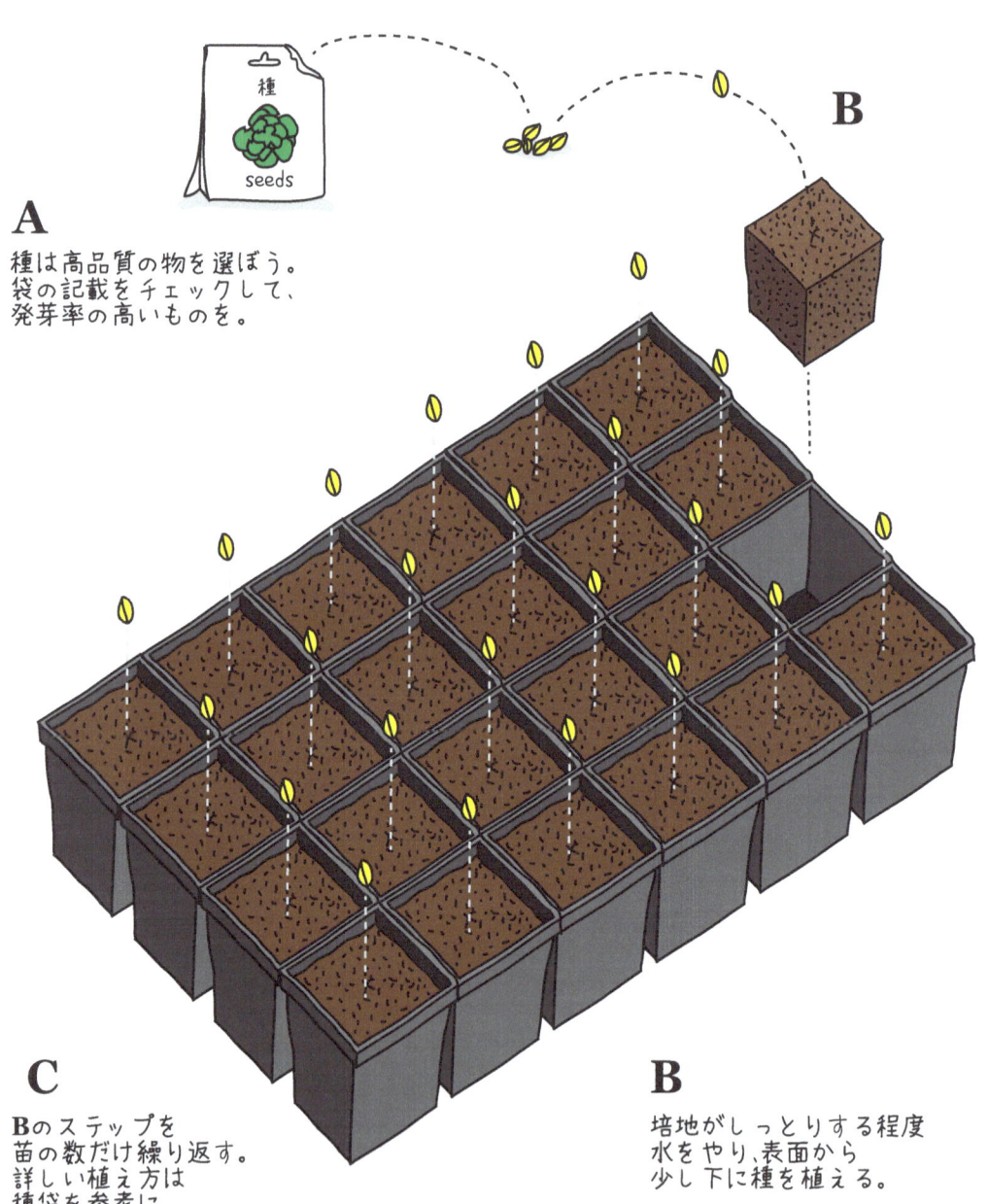

A
種は高品質の物を選ぼう。
袋の記載をチェックして、
発芽率の高いものを。

C
Bのステップを
苗の数だけ繰り返す。
詳しい植え方は
種袋を参考に。

B
培地がしっとりする程度
水をやり、表面から
少し下に種を植える。

D
温室になるようカバーを用意。
霧吹きで水をスプレーし、
湿度を維持する。

E
カバーをして、
日当りの良い
暖かな場所に置く。
（直射日光は避ける）

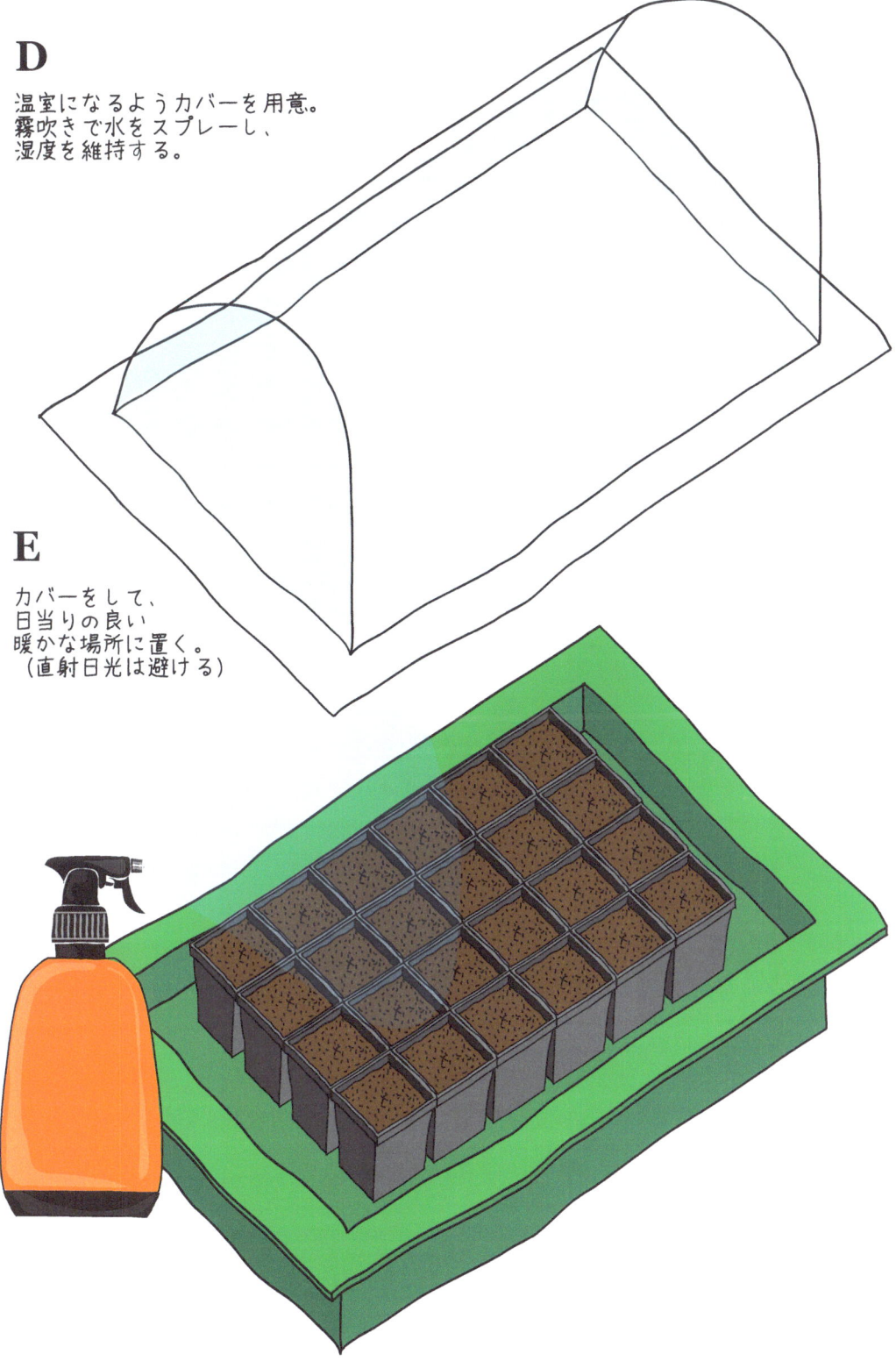

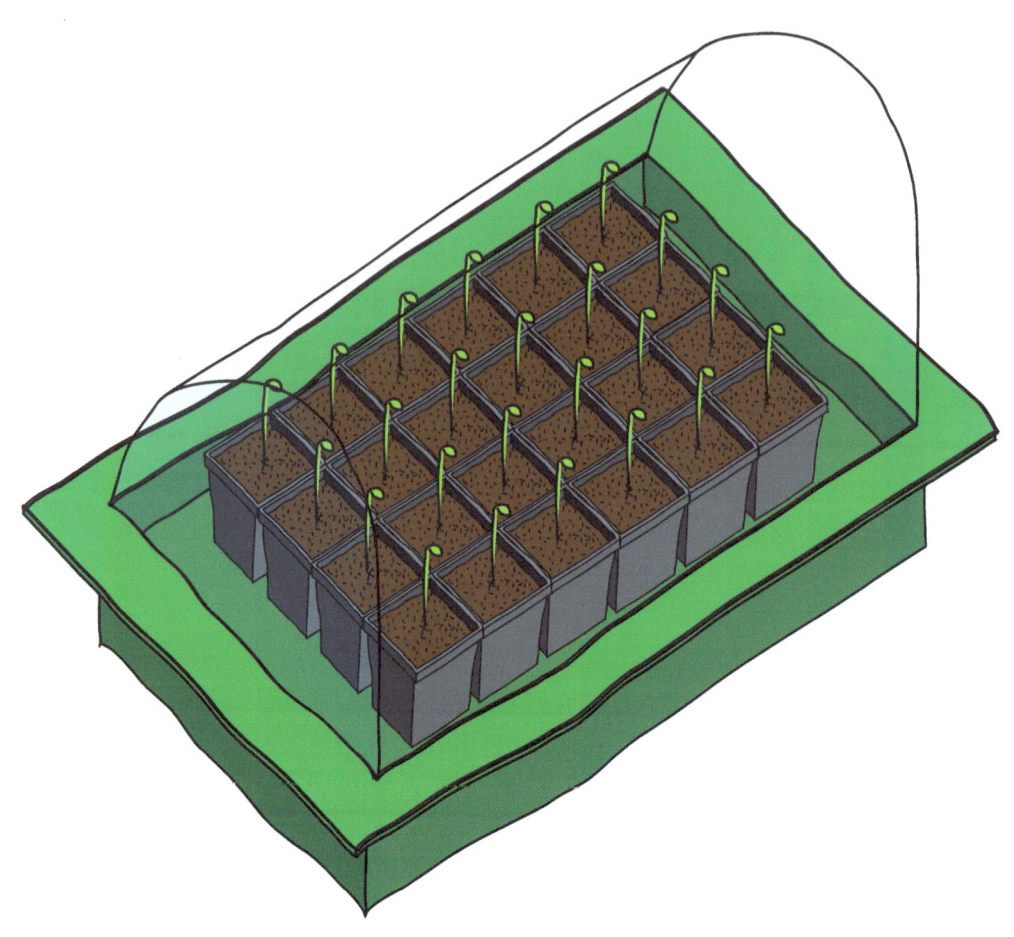

F
数日後、芽が出たら、引き続き暖かい場所に置き
霧吹きをして、温室の温度と湿度を一定に保つ。

双葉が出たら、もっと明るい場所へ移動する。
そして本葉が出たら、カバーをはずす。培地は
湿った状態を保ち、水のやり過ぎに注意する。

G

本葉が増えてきたら、ハイドロポニックスシステムに植え替える時期だ。苗の根を傷つけないように、ゆっくりトレイから取り出す。

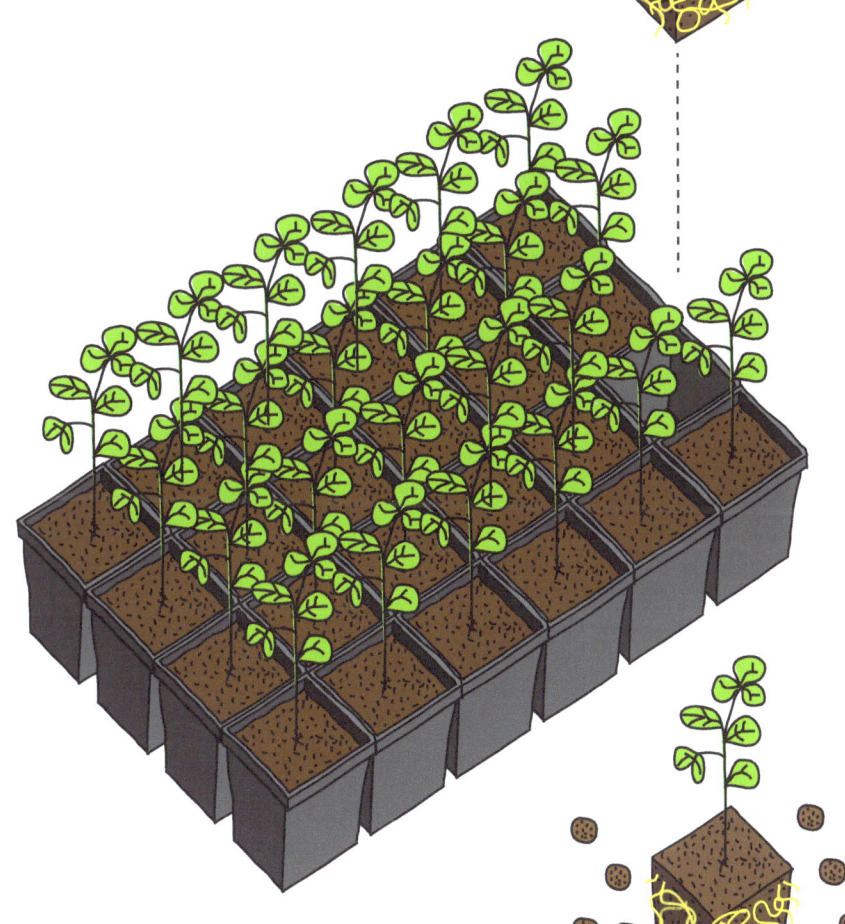

H

苗を一つずつネットポットに入れ、周りの隙間をハイドロボールで埋める。根がポットの外に伸びるまでは培地に水をやる。これで苗の完成!

挿し木

植物は挿し木をしてクローンを作ることができる。挿し木苗は親株と同じ遺伝子を受け継ぐため、性質も全く変わらない。挿し木は効率のいい繁殖方法で、種から育てる時間と手間が省ける。
挿し木に必要なもの：

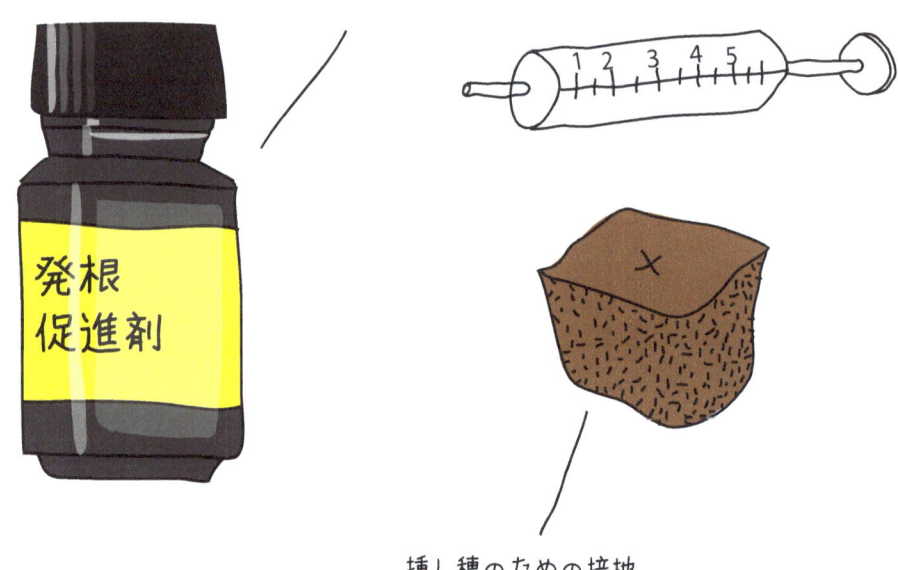

発根促進剤
（クローン用ホルモン活力剤、発根剤ともいう）

挿し穂のための培地

切れ味の良い、清潔なカッター（刃を熱消毒する）

挿し木の方法

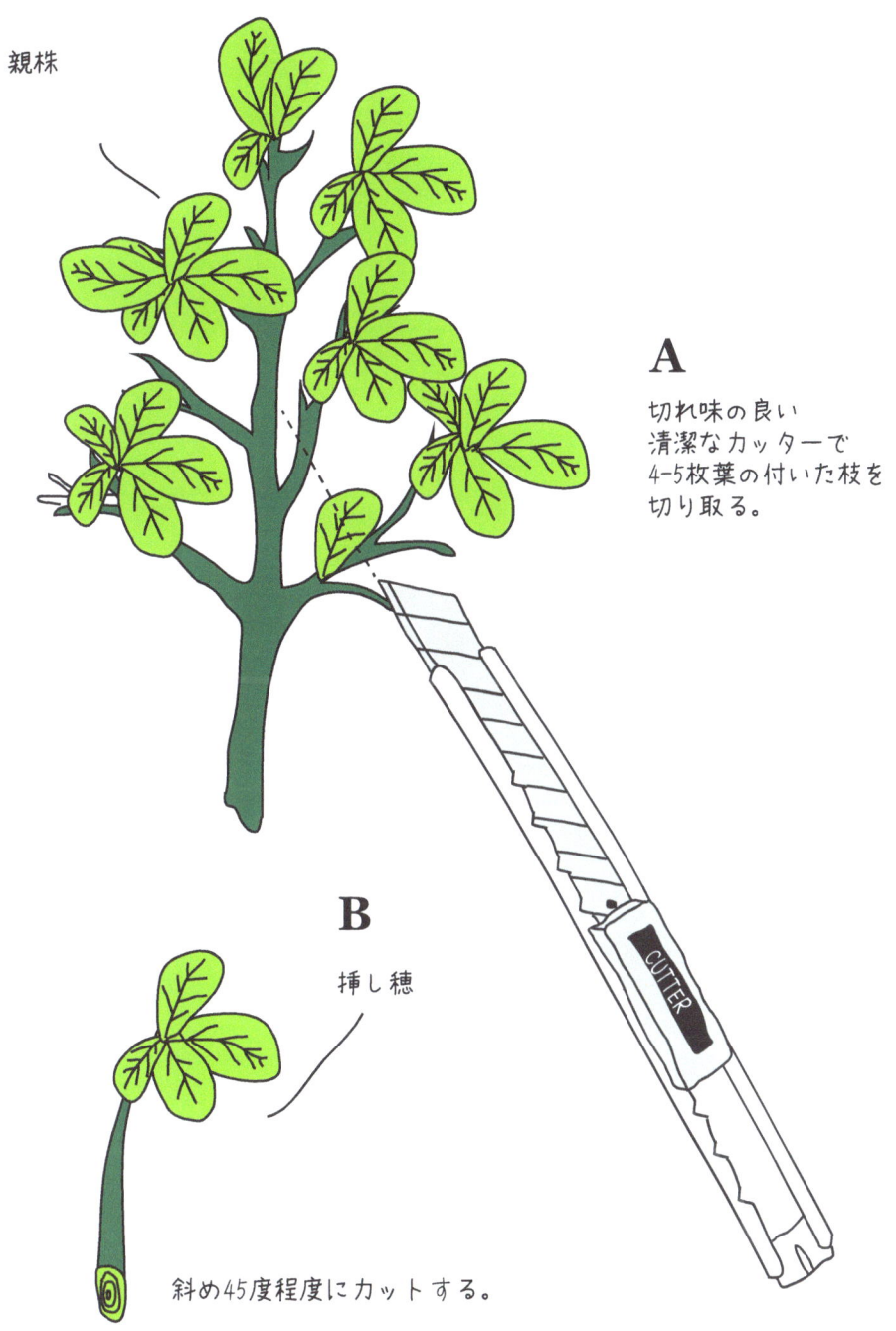

親株

A 切れ味の良い清潔なカッターで4-5枚葉の付いた枝を切り取る。

B 挿し穂

斜め45度程度にカットする。

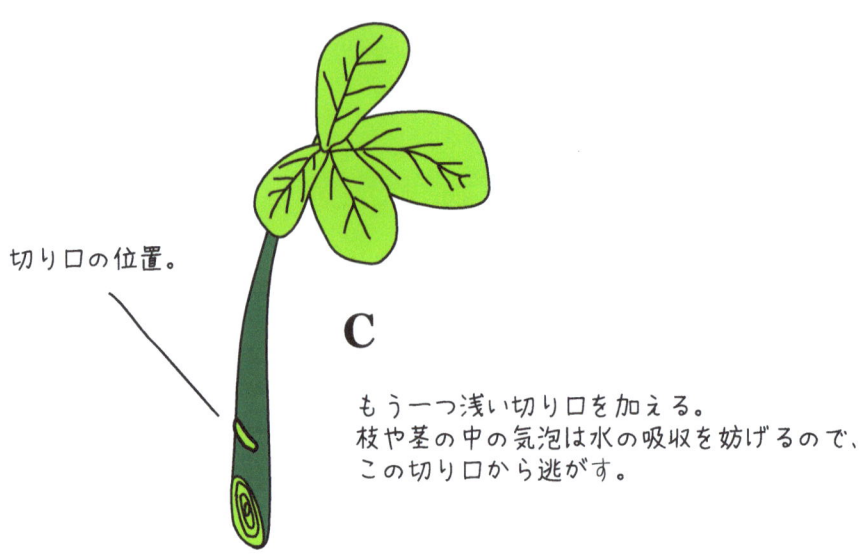

切り口の位置。

C

もう一つ浅い切り口を加える。
枝や茎の中の気泡は水の吸収を妨げるので、
この切り口から逃がす。

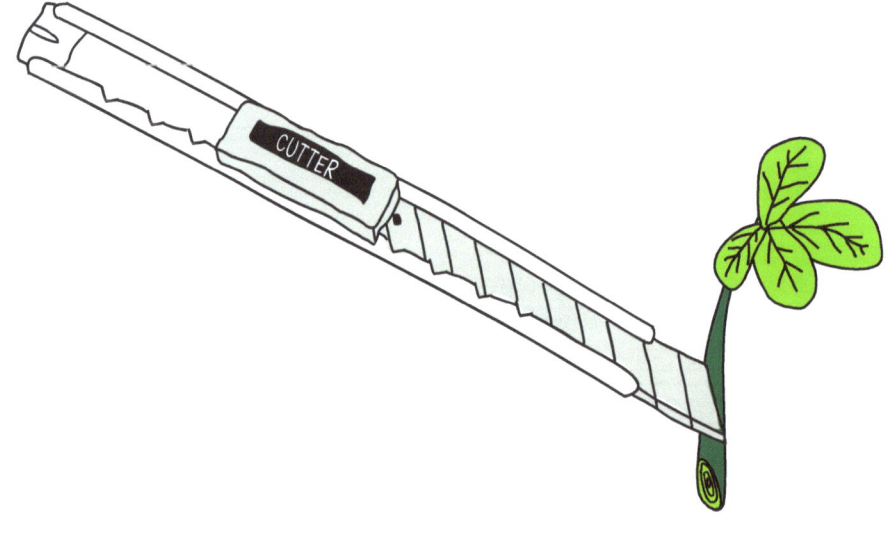

挿し穂

発根促進剤

培地

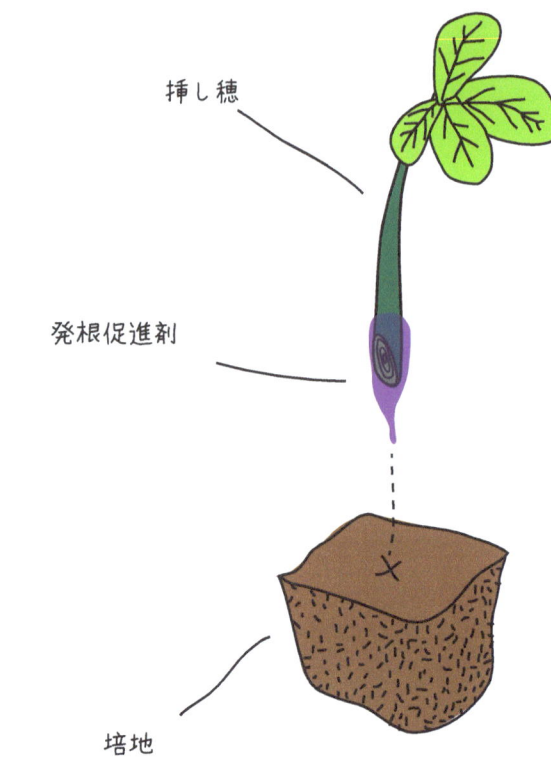

G
あらかじめ湿らせた培地に
挿し穂を挿す。

H
根が培地の外へ伸びるまで、
暖かい場所に置いておく
（直射日光は避ける）
透明な容器を上からかぶせれば、
ミニ温室を作ることもできる。
培地は霧吹きなどを使って
湿った状態を保ち、挿し木苗が
育つにつれて、より日当りが強い
場所へと移動する。

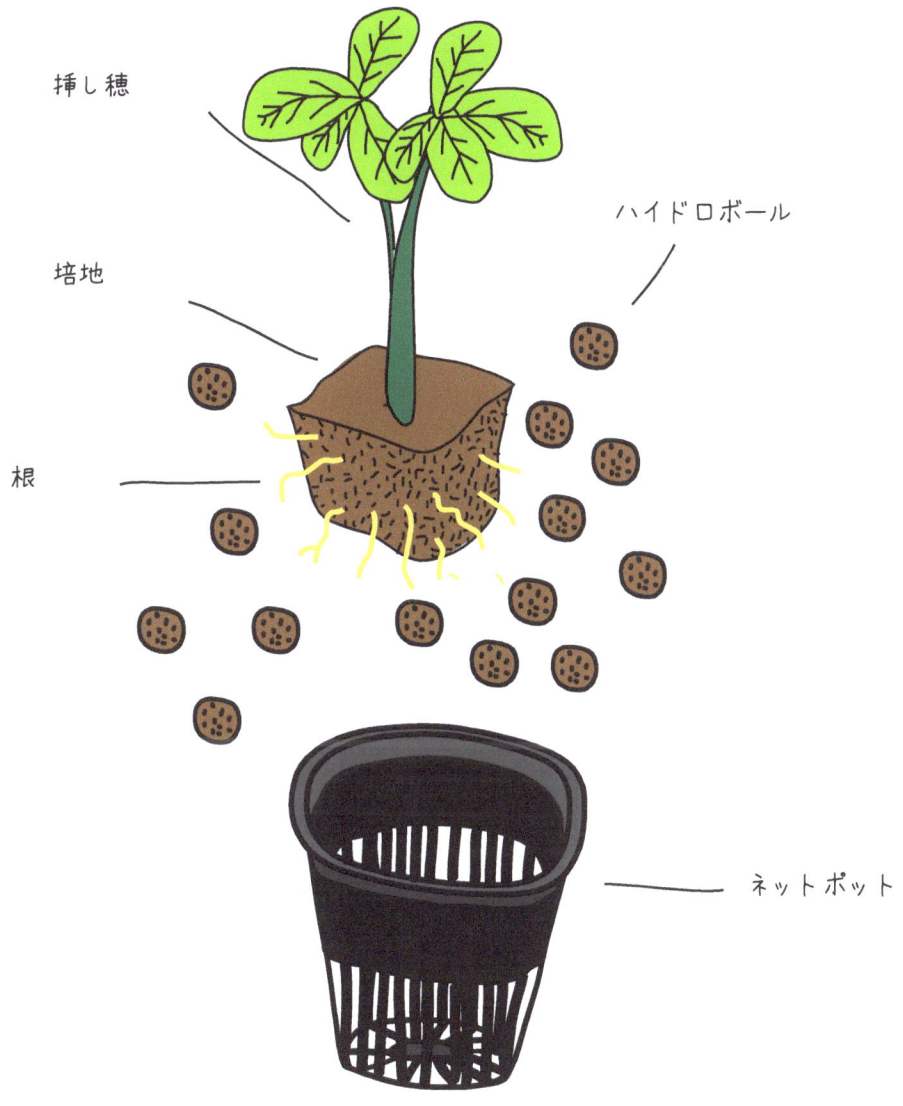

I

ネットポットに培地を入れ、
周りの隙間をハイドロボールで埋める。
これで、エリオ用苗の準備完了。

課題 **2**

容器

ハイドロポニックスで栽培するには容器が必要だ。イケアの
TROFAST（トロファスト）収納ボックスシリーズがおすすめなのは、
カラフルで、お手頃で、サイズも豊富だから。トロファストのふたは
簡単にネットポット用の穴が開けられ、白いため、ちょうど光を苗
の方向に反射する。イケアのプラスチック商品はBPAフリーなので
食べ物を育てる容器として使うのにも安心だ。

601.416.72

色付きの収納ボックスはクリアのものと比べ、光を遮断し藻の育成を防ぐのでおすすめ。育てたいのは、藻ではなく苗なので。

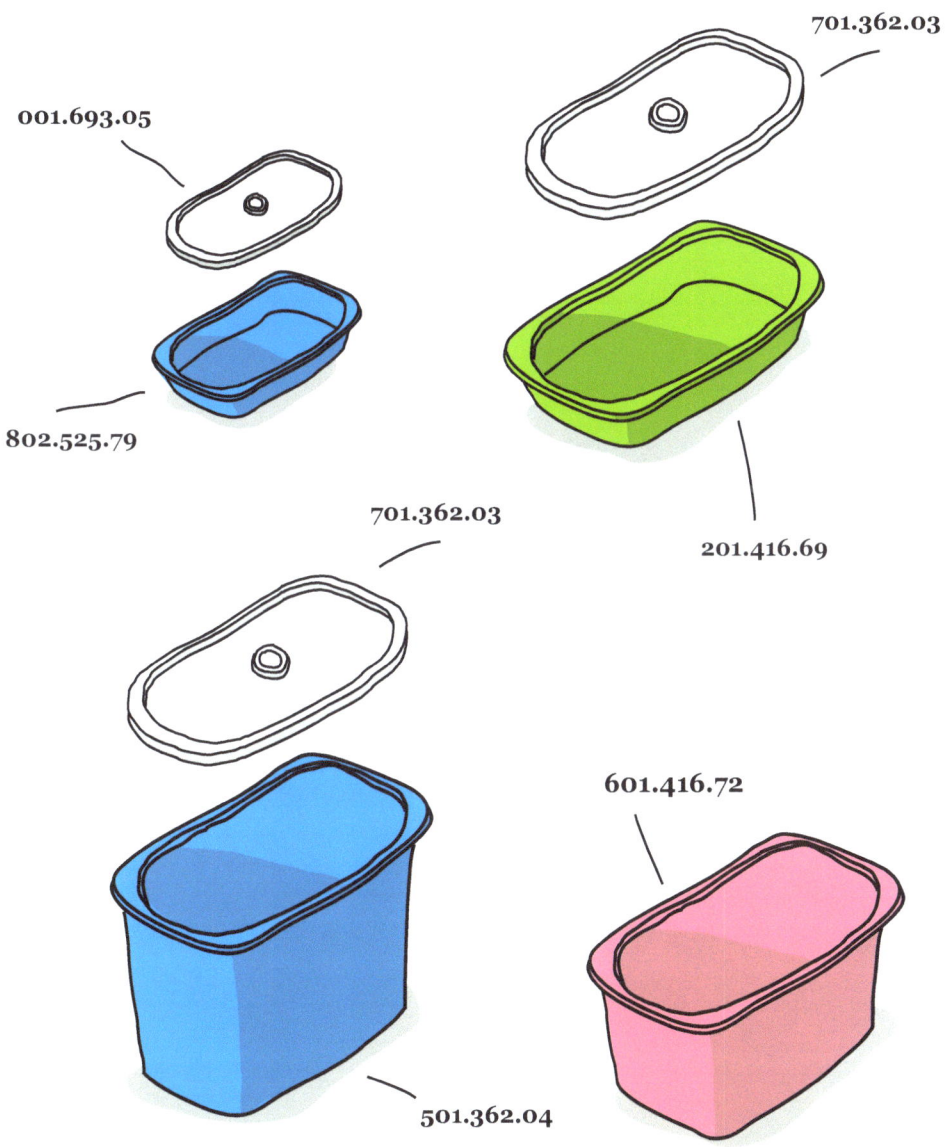

プランター（トロファスト収納ボックス）1つにつき、ポットを8個取り付けると効率的。ただ、作物の大きさや種類によっては、苗の間隔が異なるので、あらかじめ調べておくこと。適切な数だけ取り付けよう。苗を植えた後、大きめのプランターに植え替えることも可能。

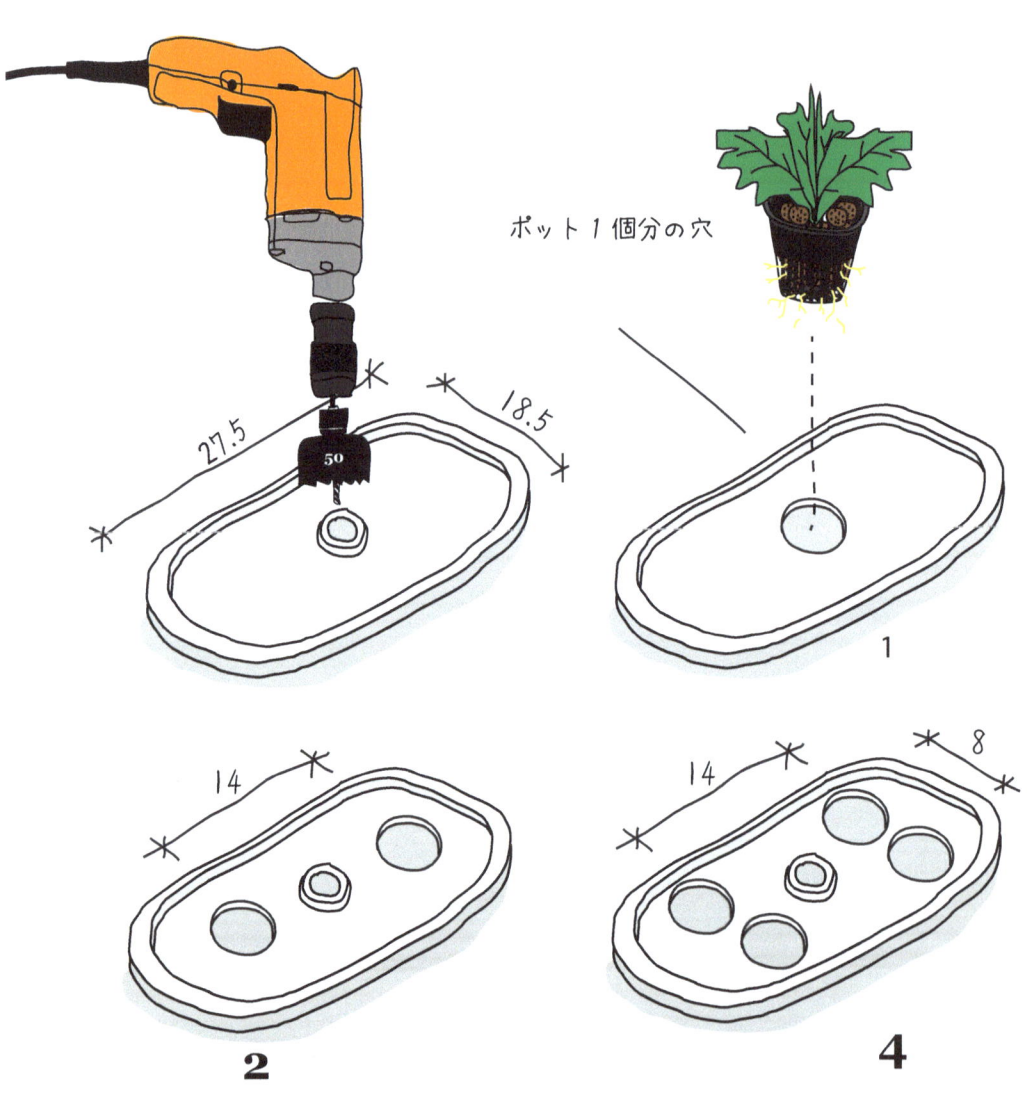

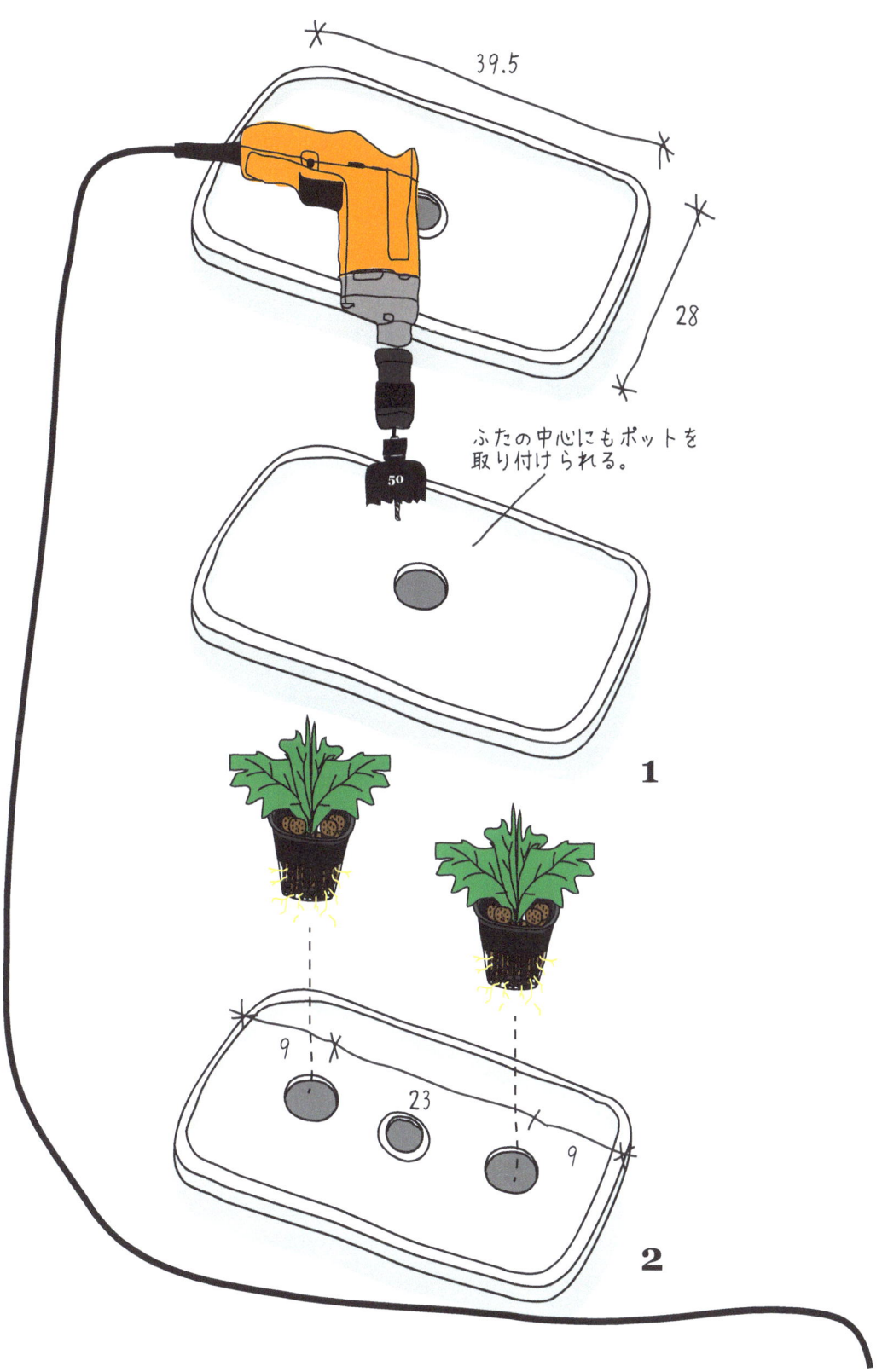

ふたの中心にもポットを取り付けられる。

1

2

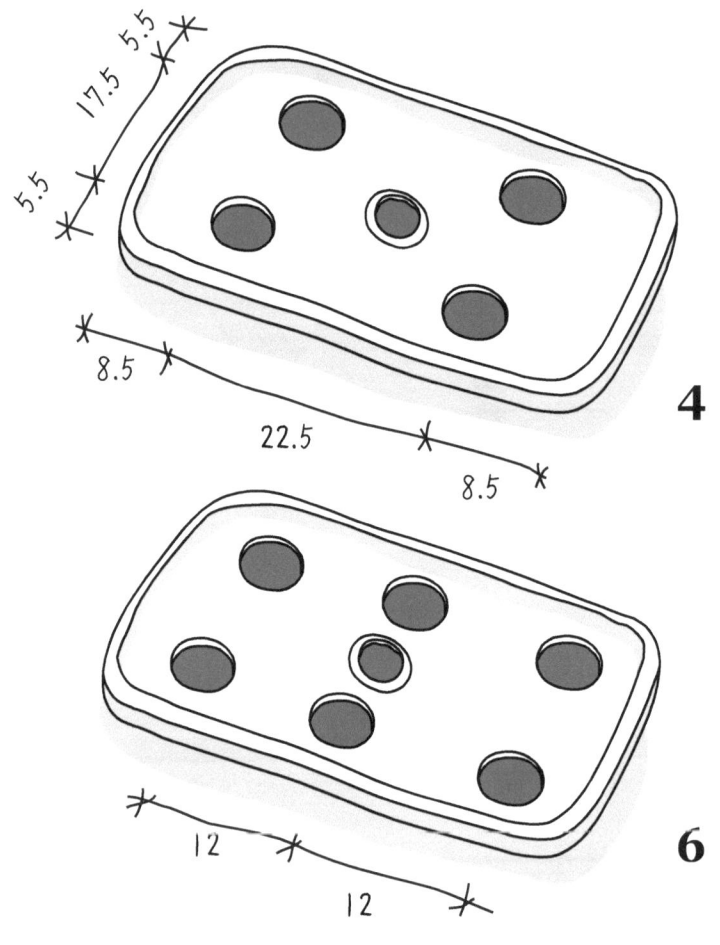

4

6

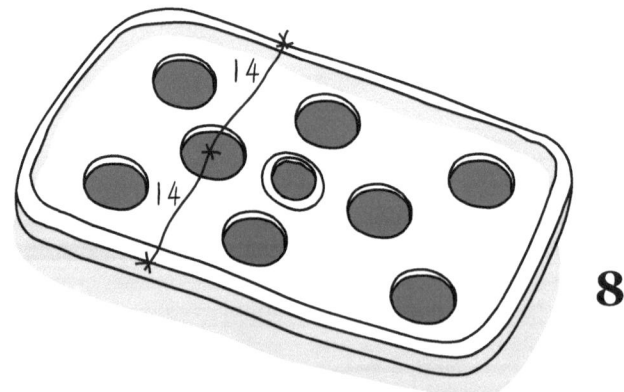

8

課題

3

肥料

栄養素の供給には市販の液体肥料（液肥）を使う。肥料の種類は様々で、元素の含まれた固形肥料や主要栄養素を溶かした液体肥料が一般的だ。自作することもできるが、まずは高品質のものを購入するのがおすすめ。ホームセンターや園芸店でハイドロポニックス（水耕栽培）の肥料について聞けば、良い商品が見つかるはずだ。インターネットで検索すると、DIY肥料の作り方など、色々な選択肢が見つかる。一つ注意点としては、ほとんどの液体肥料が軟水（ミネラル分の少ない水）用に作られているということ。使う水が硬水の場合は、硬水用の肥料を選ぼう。水質が分からければ、水道会社、または近所の園芸店の店員に水の硬度について聞いてみよう。

主要栄養素と微量栄養素

植物は養分として主要栄養素と微量栄養素を必要とする。主に吸収されるのが主要栄養素で、微量栄養素はその名の通り吸収量が少ない。

主要栄養素と称される元素:

N 窒素
P リン
K カリウム

微量栄養素と称される元素:

Ca カルシウム
S 硫黄
Fe 鉄
Mg マグネシウム
B ホウ素
Mn マンガン
Zn 亜鉛
Mo モリブデン
Cu 銅
Co コバルト

これらの栄養素の欠乏、または過剰な供給は植物の成長や味に影響を及ぼす。植物の種類によって必要な養分が異なるので、インターネットなどで検索してみよう。市販肥料のほとんどには主要栄養素しか含まれていないので、微量栄養素の補給については次ページの例を参考に。これ以上の情報は自主調査ということで。

有機肥料

有機肥料の作り方は色々ある。ここでは二種類紹介する。

コンポストティー　（堆肥茶）

A 容器に水とコンポストを入れ、混ぜ合わせる。

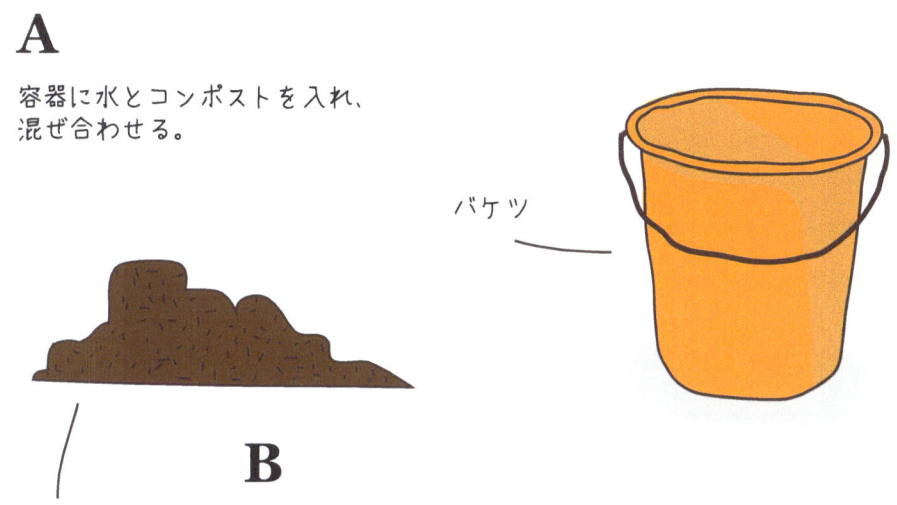

バケツ

コンポスト

B 何日か置く。たまにかき混ぜる。

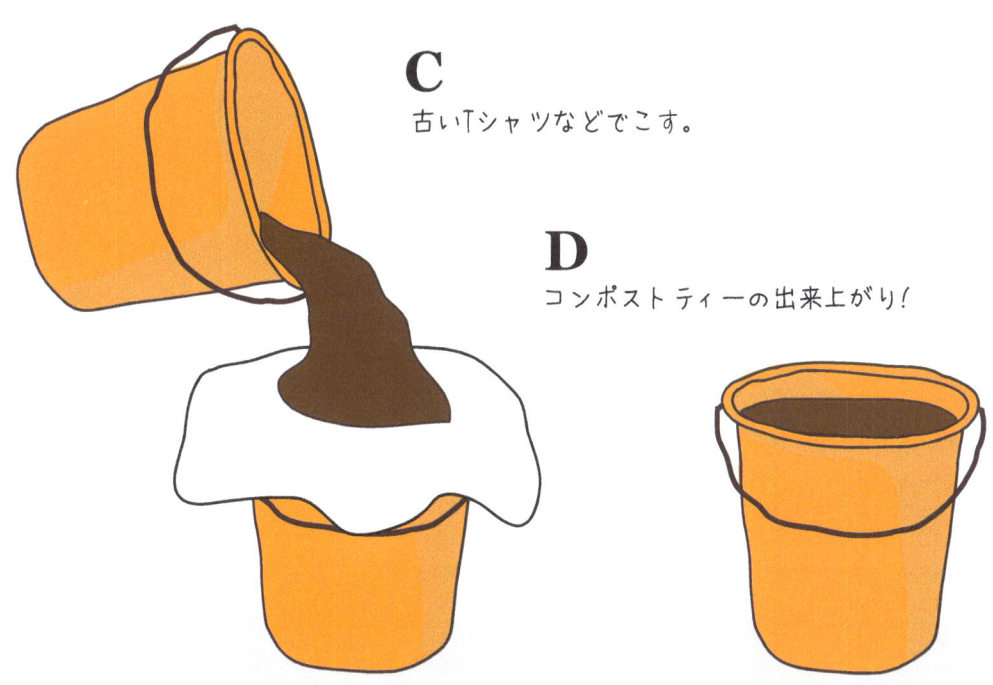

C 古いTシャツなどでこす。

D コンポストティーの出来上がり！

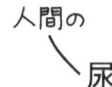
人間の尿

アクアポニックスという再循環型システムでは魚の尿を肥料として使う。アクアポニックスとは魚の養殖（アクアカルチャー）と作物の水耕栽培（ハイドロポニックス）を同時に行うクローズドループ（循環型）エコシステムで、魚の排泄物が作物の肥料となり、作物の「肥料」吸収で水槽が浄化される。化学的には魚と人間の尿の成分は変わらない。だが、人間の尿をそのまま使うと酸が強く、植物が「焼け」てしまうため、薄める必要がある。ウィキペディアは尿1に対して水5、または8の希釈率をすすめている。
ウィキペディアから：

When diluted with water (at a 1:5 ratio for container-grown annual crops with fresh growing medium each season,[23] or a 1:8 ratio for more general use[22]), it can be applied directly to soil as a fertilizer. The fertilization effect of urine has been found to be comparable to that of commercial fertilizers with an equivalent NPK rating.[24]

http://en.wikipedia.org/wiki/Urine#Agriculture

私は尿を肥料にするというコンセプトが気に入っている。なぜなら、人は食べた物でできており、自然界に無駄が無いということを実感させられるからだ。

参考資料（英語）：
S. A. Esray, I. Anderson, A. Hillers, R. Sawyer, Closing the Loop. Ecological Sanitation for Food Security. Publications on Water Resources No.18, Mexico 2001.

H. Jonson, Guidelines on the Use of Urine and Feces in Crop Production.
EcoSanRes Publications Series, Report 2004-2. Stockholm Environment Institute; Stockholm, Sweden.
この記事のアクセスはこちら：www.ecosanres.org

R. Gensch, A. Miso, G. Itchon, Urine as Liquid Fertilizer in Agricultural Production in the Philippines. A Practicle Field Guide, Xavier University Press, 2011.

エアーポンプは三つのパーツでできている：ポンプ本体、ポンプの空気が通るチューブ、そして酸素を水中に供給するエアストーン。

エアーポンプ

ポンプの大きさと容量は水槽に適したものを。ほとんどの場合、25W以下の物で十分。

エアストーン

エアーポンプ用チューブ

課題

4

酸素

水中に酸素を供給する方法はいくつかある。通常ハイドロポニックスでは、水槽用のエアーポンプを使用する。魚も酸素が要るのだ。

ハイドロポニックスでの酸素供給法を三つ紹介しよう。
一つ目はニュートリエントフィルムテクニック（NFT、薄膜水耕）といって、養分と酸素を含んだ少量の水（薄い膜ほどなので、「フィルム」）を根が吸収する。二つ目のエアロポニックス方式（気耕栽培）では、培養水を霧状にして、水と養分との供給を行う。三つ目のドリップ式システムでは、培養液を上からドリップさせ、流れ落ちた分をリザーバータンク（貯水槽）に溜める。溜まった培養液を再び循環させるシステムもある。ドリップ方式の場合、特殊なスポンジ、またはハイドロボールの入ったパイプに植物を植える。

解決策(A)
エアーポンプを使う。

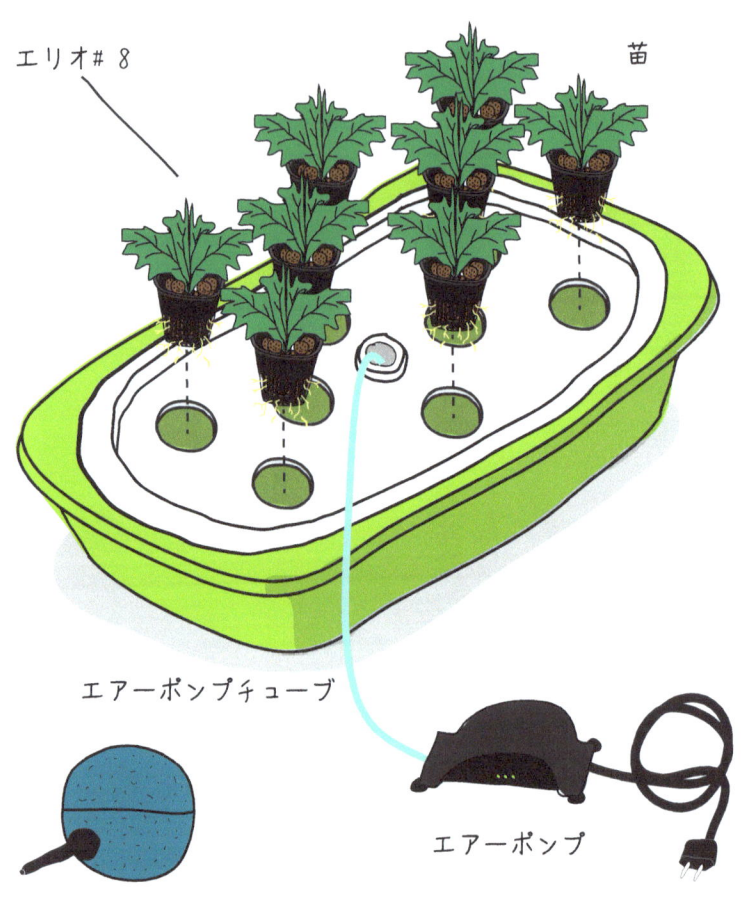

エリオ#8　　　　苗

エアーポンプチューブ

エアーポンプ

ポンプにつながっている
チューブの先端に
エアストーンを取り付ける。

エアーポンプが水中に
酸素を供給する。
水分が蒸発するため、
培養液をその都度補充する。

電力使用。

解決策 (B)
ドリップ式

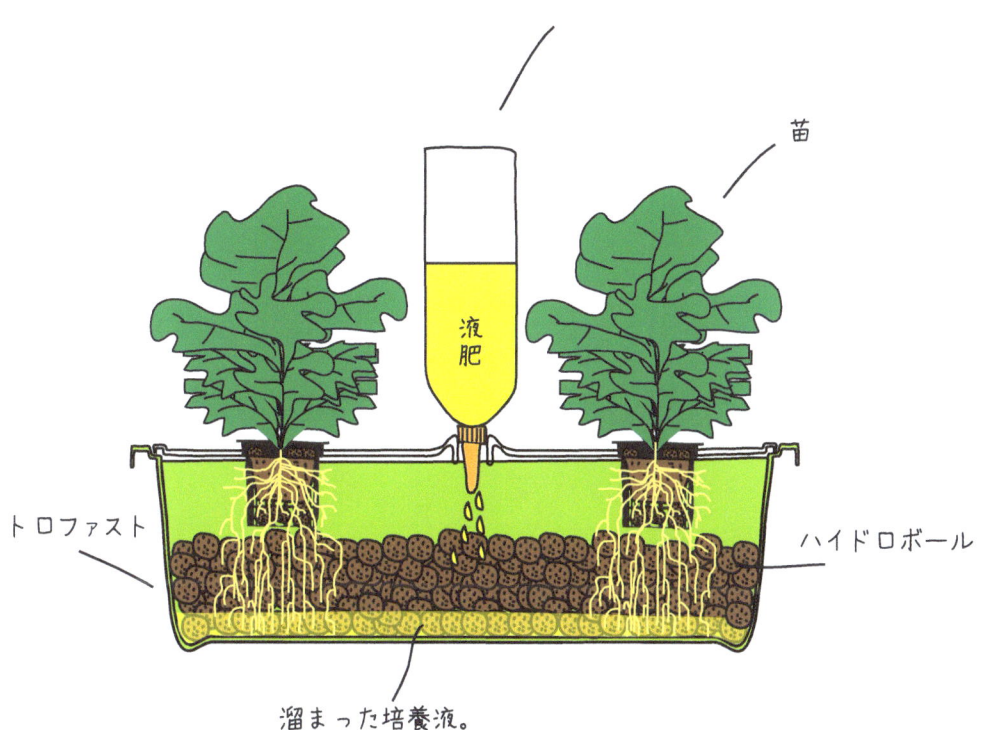

培養液の入ったペットボトル。ボトルから一滴ずつドリップするシステムになっている。

苗

トロファスト

ハイドロボール

溜まった培養液。

ハイドロボールを湿らせる程度の培養液を、少しずつやる。問題点としては常に湿った状態を保たなければいけないこと。日に当たったままだと蒸発が速まり、培養液の補充を頻繁に行わなければならない。

雨水が入ると培養液が薄められてしまうので注意。

参考資料（英語）：
R. Kourik, Drip Irrigation for Every Landscape and All Climates. Metamorphic Press, 2009.

解決策(B1)
ドリップ式

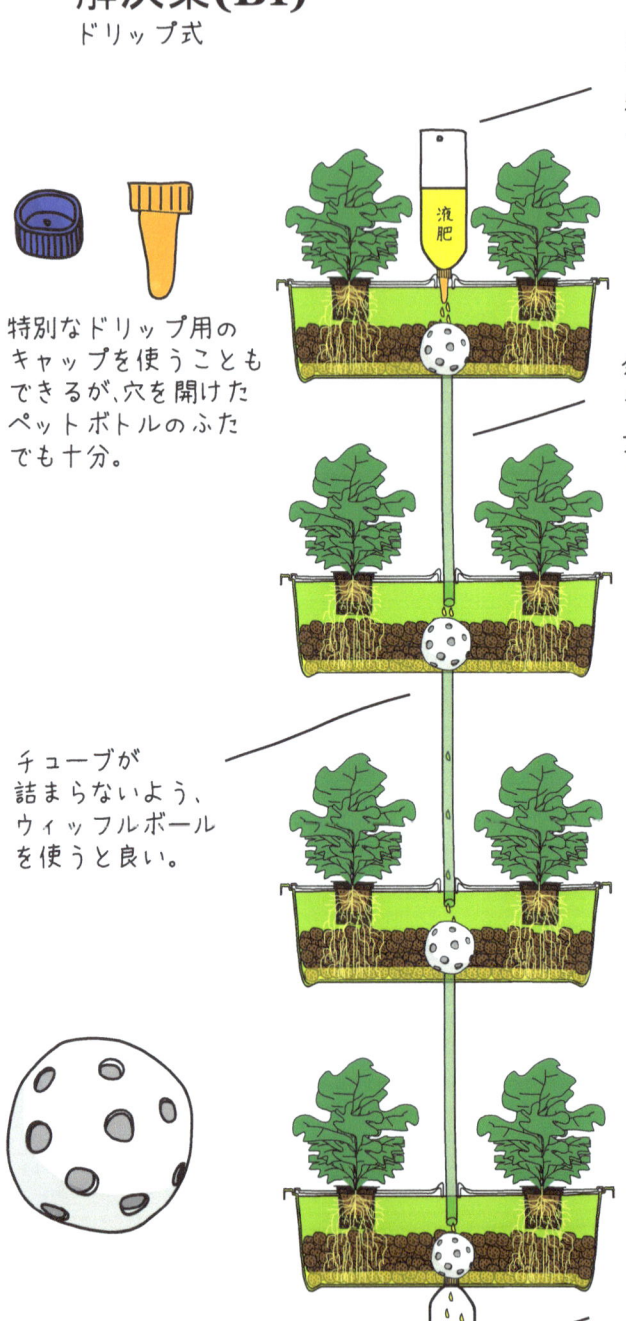

ボトルから下の
プランターへ
培養液が滴る
システム。

特別なドリップ用の
キャップを使うことも
できるが、穴を開けた
ペットボトルのふた
でも十分。

余った培養液は
チューブを通って
上のボトルから、
下の貯水ボトルへ。

チューブが
詰まらないよう、
ウィッフルボール
を使うと良い。

一番下のプランターに
取り付けた貯水ボトルが
いっぱいになったら、上の
ボトルと交換する。養分が
吸収されるにつれ、培養液が
薄まるので、その都度全量
入れ替える。入れ替えの頻度は、
苗の養液吸収量と数による。

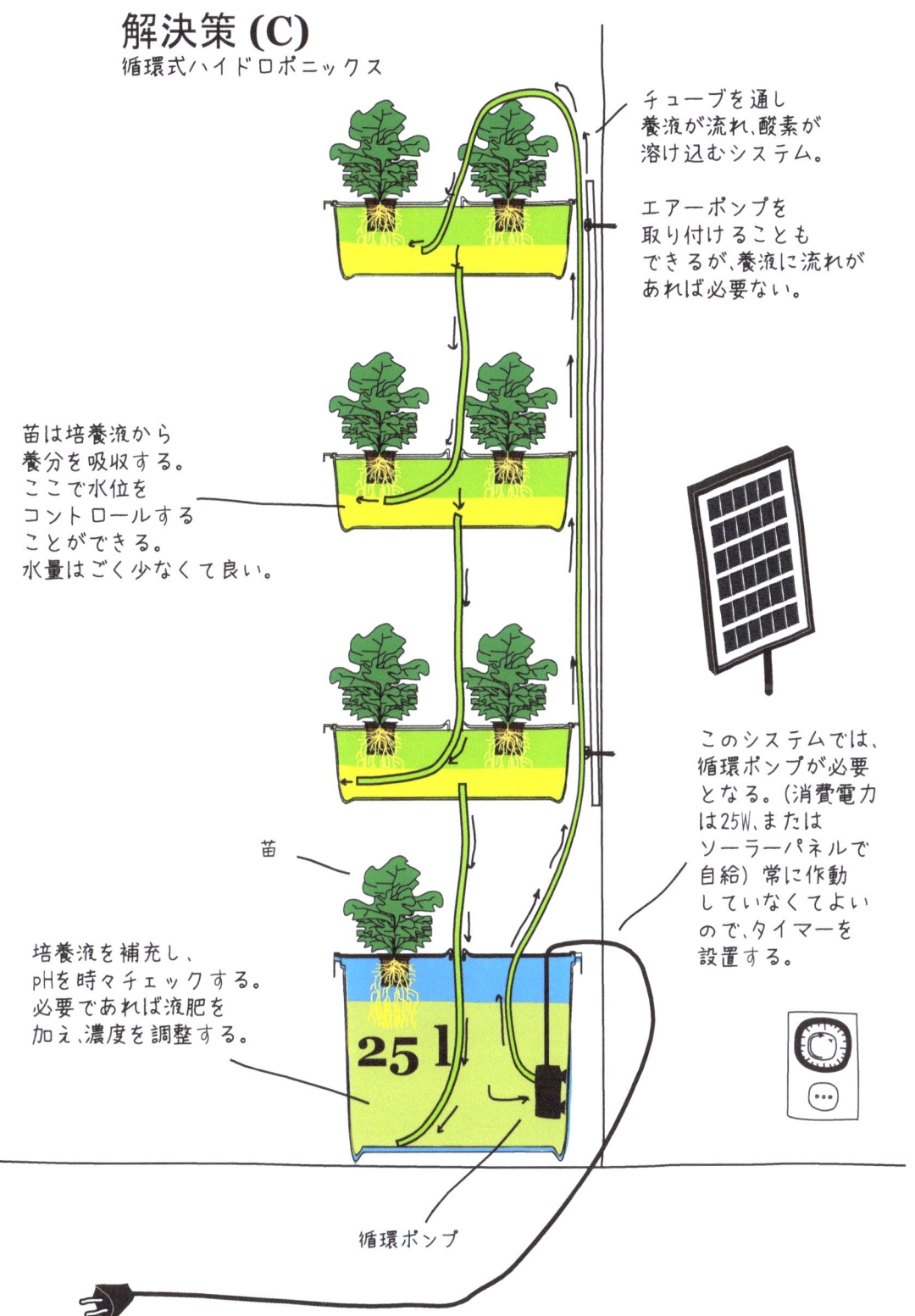

養分濃度とpH

循環式システムでは適正な養分の濃度を保つことが重要だ。作物が養分を吸収するにつれ、培養液が薄まっていくので時々濃度をチェックしよう。濃度の単位はppm（Parts per million）、あるいはTDS（Total Dissolved Solids）を使う。また、電気伝導率（Electrical Conductivity）で濃度を表す場合もある。

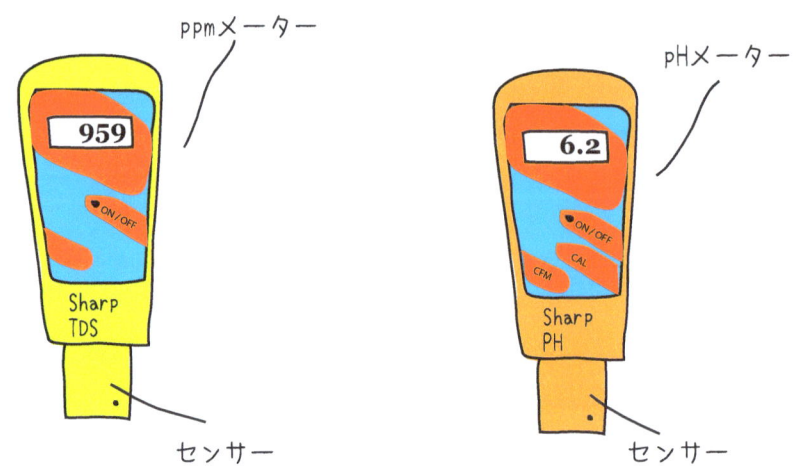

養分は容易に吸収できないといけない。吸収の難易度は、土や培養液の酸度、つまりpHによって決まる。pHは0から14までの数値があり、物質の水素イオンの濃度、つまり酸性／アルカリ性の度合いを示す。純粋な水は中性でpH7。ハイドロポニックスに使う培養液はpH 6-6.5が適正。培養液の調整はpH調整剤を使うか、貯水ボトルの水を二週間ごとに替えればよい。

参考資料（英語）：
K. Roberto How-To Hydroponics. The Complete Guide to Building and Operating Your Own Indoor and Outdoor Hydroponic Gardens. The Future Garden Press, New York, 2005.

この記事のアクセスはこちら：www.howtohydroponics.com

解決策 (D)
非循環／かけ流し式ハイドロポニックス

非循環方式では、「呼吸空間」があり、植物が空中と水中に二種の根を生やす。(直接大気から酸素を吸収する好気性の根と、水中で培養液の養分を吸収する嫌気性の根) 好気性の根が大気から直接吸収するため、水中に酸素を送り込む必要がなく、電力も不要。このコンセプトはハワイ大学が特許を取っている。非循環システムで特に気を付けなければいけないのが、培養液の水温だ。養液は摂氏１５－２０度に保つ必要があるため、温度差の少ない室内での使用に向いている。

U.S. Patents 5.385.589 and 5.533.299

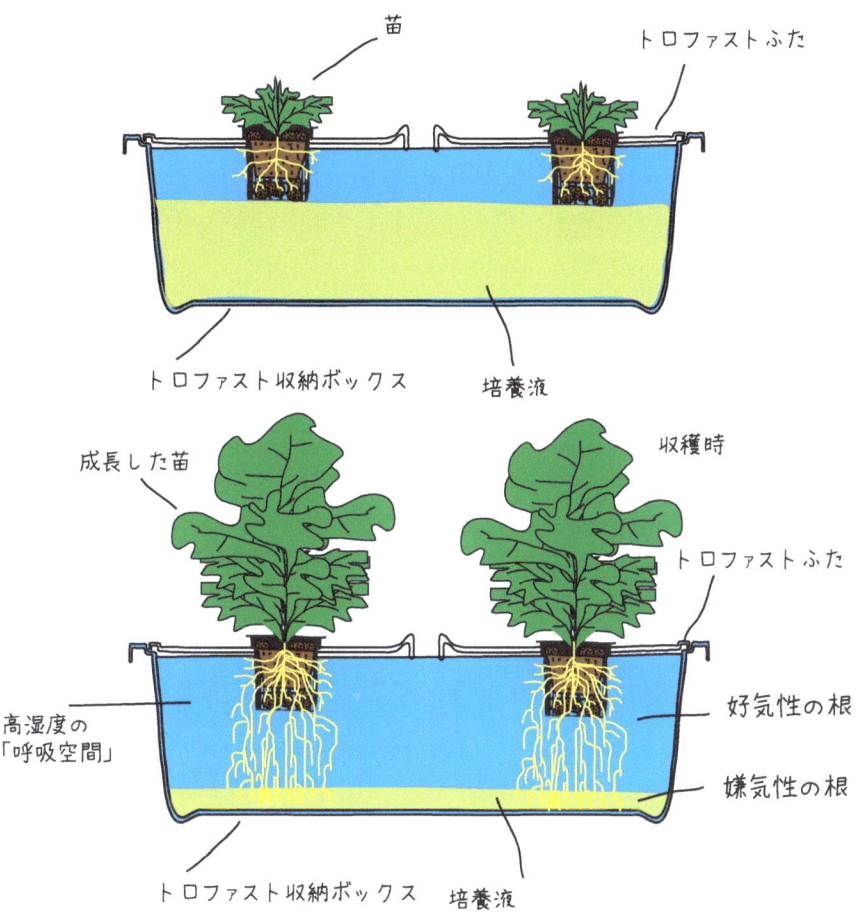

参考資料（英語）：
B. A. Kratky, Three Non-Circulating Hydroponic Methods for Growing Lettuce
T. M. Cadle, The Secret of Non-Circulating Hydroponics. A Proven Method of Hydroponic Growing Without the High Cost.
　　　←　この記事はネットで無料購読可。

非循環式ハイドロポニックス：栽培期間と容量

葉菜類と果菜類では、必要とする培養液の量が異なる。
ここでは3つの例を紹介する。

レタス：4L
栽培期間：30日

トマト：24-40L
寿命：約1-2年 （品種、栽培環境などによる）

きゅうり：100-130L
栽培期間：80日

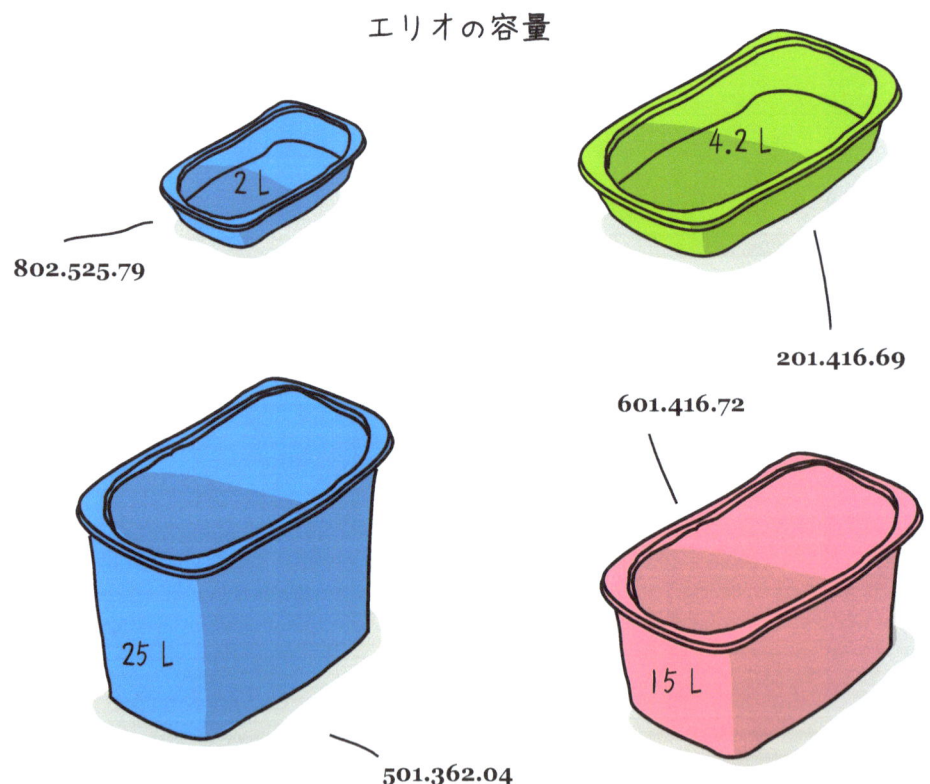

エリオの容量

- 802.525.79 — 2L
- 201.416.69 — 4.2L
- 601.416.72 — 15L
- 501.362.04 — 25L

参考資料（英語）：
B. A. Kratky, 2004. A Suspended Pot, Non-Circulating Hydroponic Method.
Proceeding of the South Pacific Soilless Culture Conferecnce, Acta Hort. 648. P.83-89
ネットで無料購読可。

解決策 (D1)
非循環補充システム

現在私が実験中のシステムは、「非循環補充方式」。
方式と言っても、培養液の水位を一定に保ち、苗が
好気性と嫌気性の根を生やすのを待つのみ。
このシステムでは最大でも1Lしか水を使わない。
ポイントは、苗全てが同じ発育段階であること。

「光あれ。」

課題

5

光

植物の成長は光量、色、強度、照射時間などに影響される。毎日8時間日光に当たるのが理想だが、室内栽培の場合は植物育成用の蛍光灯を使うこともできる。蛍光灯を使った栽培法は日陰でも育つハーブや葉菜類等に向いている。日当りのよい場所を好む植物にはH.I.Dランプ（高輝度放電ランプ）を使おう。LEDもよく使われているようだが、試してみたところ、あまりうまくいかなかった。

植物用蛍光灯

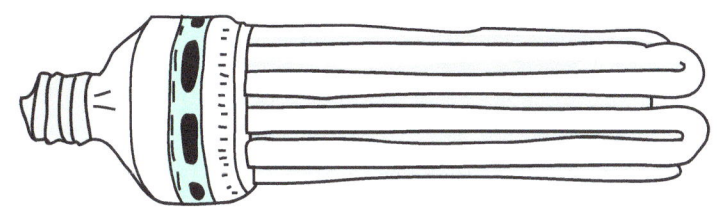

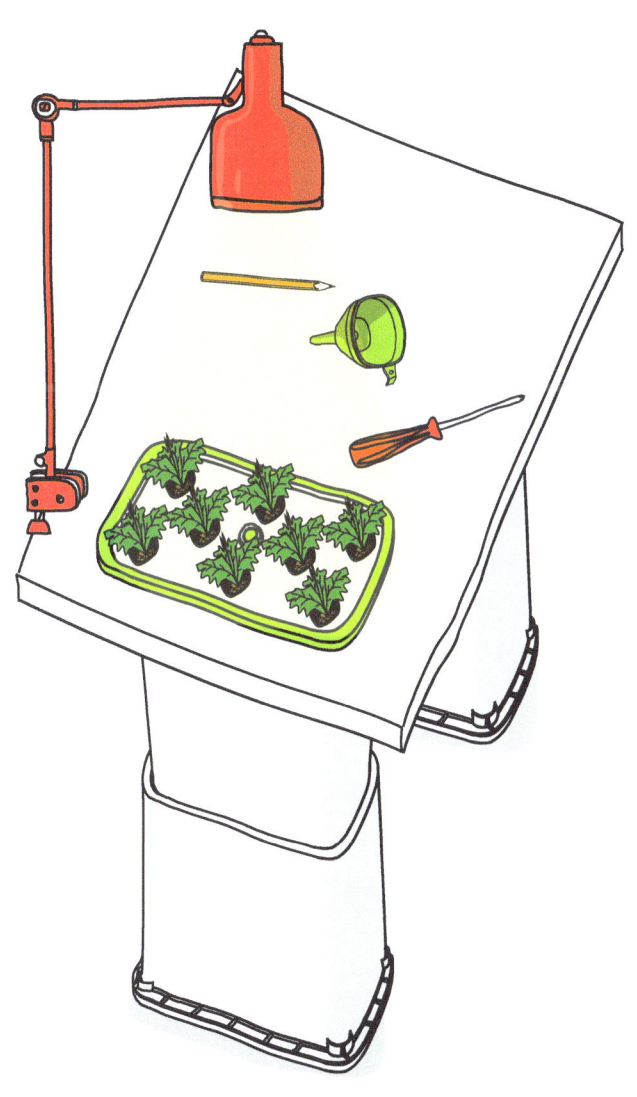

葉菜類を育てるにはクール色、昼光色の蛍光灯がおすすめ。デスクランプを使えば、オフィスで栽培することもできる。約930平方センチメートル（1スクエアフィート）の空間につき最低でも25W、できれば30-50Wの電球を用意する。

High Intensity Discharge
H.I.D. ランプ

室内栽培に最も適しているH.I.D.ランプ（高輝度放電ランプ）は、効率よく、最も多くの光合成有効放射（Photosynthetically Active Radiation, PAR）を供給する。

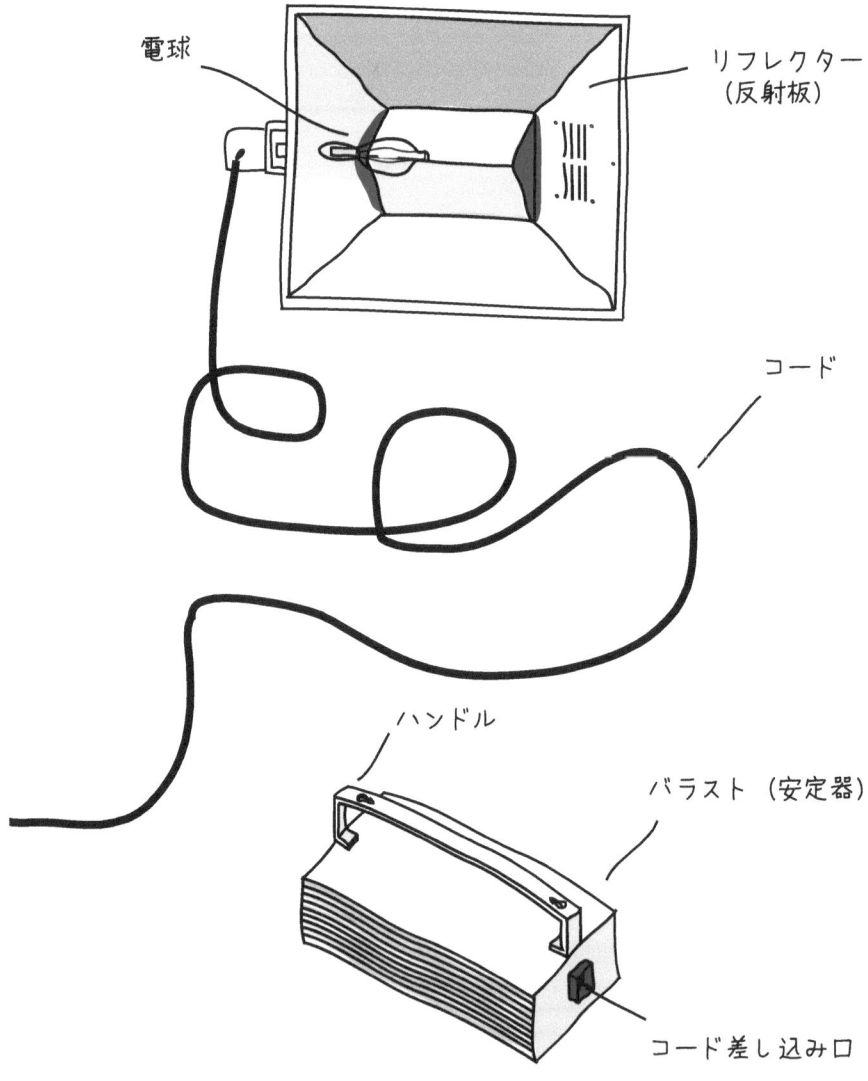

H.I.D. 電球

A メタルハライド (MH)：青の波長が多いので発芽の段階に適切。メタルハライド電球の寿命は2年程だが、徐々に波長（有効性）を失うため、12-14ヶ月ごとに新しい物と取り替えることをすすめる。

B 高圧ナトリウム (HPS)：赤の波長が多いので開花期・結実期に適切。高圧ナトリウム電球の寿命は5年程だが、徐々に波長（有効性）を失うため、2年ごとに新しい物と取り替えることをすすめる。

ポイント：
コンバージョンタイプの電球なら、バラストを変えずに使うことができる。（例：コンバージョンタイプのMH電球は、高圧ナトリウム用の安定器で使用可）これで、成長期と開花期用電球の取り替えが楽になる。多くの植物は、一日あたり16-18時間光に当たるのが理想的。タイマーを取り付けて、照射時間をコントロールしよう。

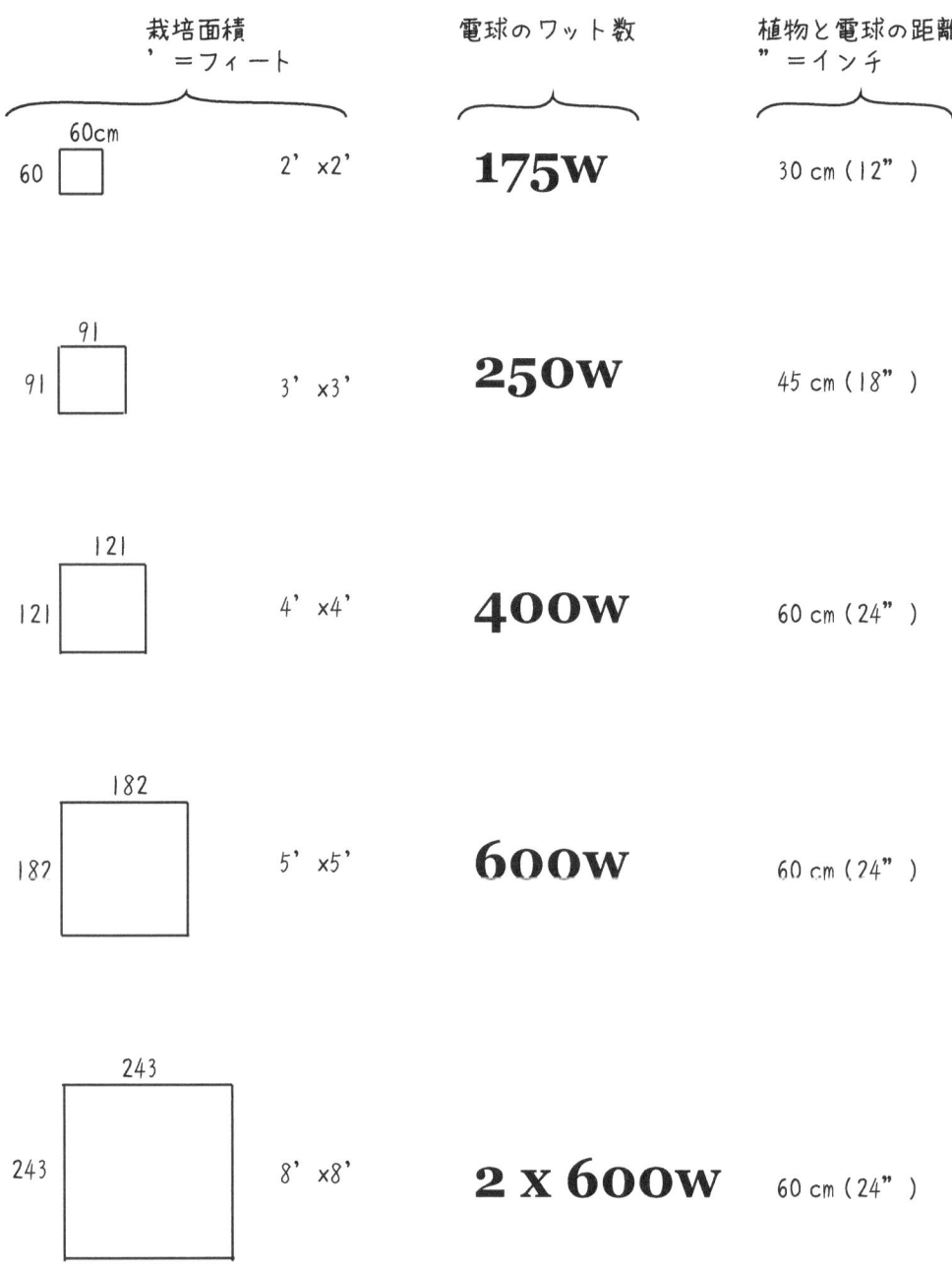

毎日18時間400wのランプを使用すると、消費電力は約7.2kwh（キロワットアワー）
1kwhの電気料金を調べ、その値段を7.2で掛ければコストが分かる。詳しくは電力
会社の料金表を参考に。

ELIOOO
エリオ
食べ物を育てよう

エリオ #4

エリオ #4はキッチンでハーブを育てるのに最適。
小さくてコンパクトなこのエリオモデル(29.5x29.7x10cm)
では4株までの植物が栽培できる。

日当りの良い窓際に置くのもよし、蛍光灯を使うのもよし。
照明以外には電力不要。

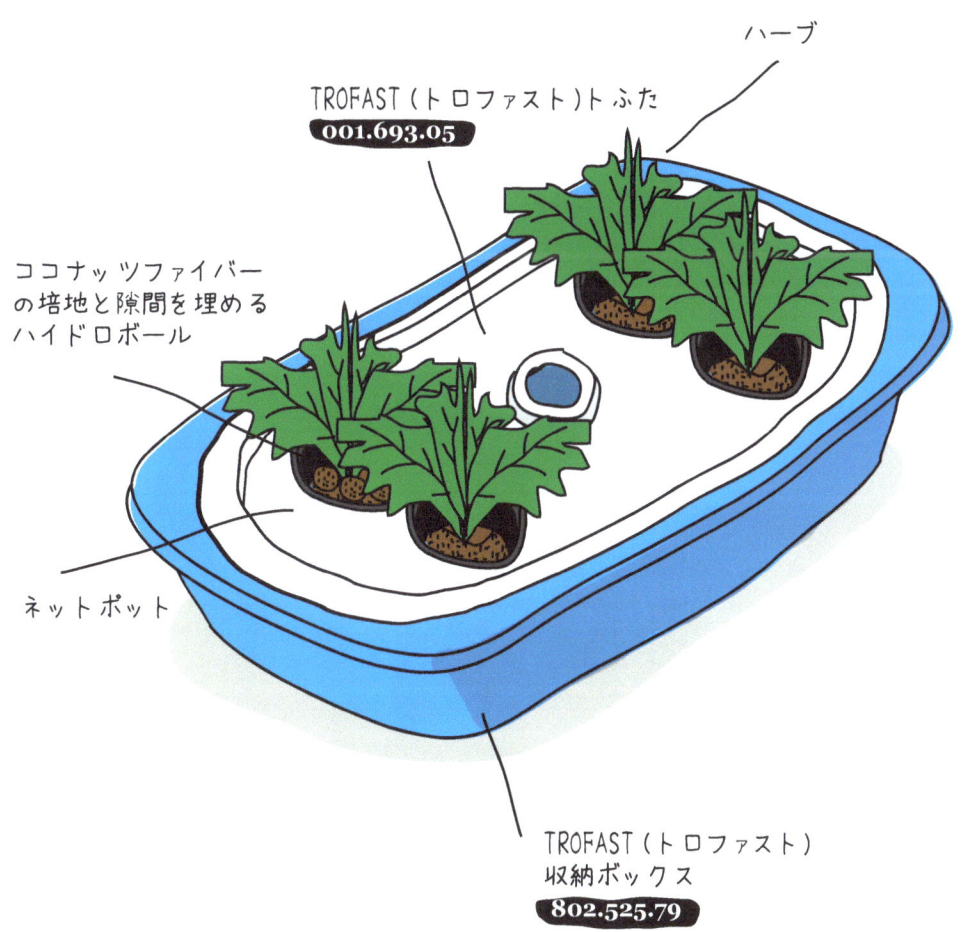

ハーブ

TROFAST（トロファスト）トふた
001.693.05

ココナッツファイバー
の培地と隙間を埋める
ハイドロボール

ネットポット

TROFAST（トロファスト）
収納ボックス
802.525.79

エリオ#4: 必要なもの

イケアストアから
TOROFAST（トロファスト）ふた
001.693.05

TROFAST（トロファスト）
収納ボックス
802.525.79

培地

私はココナッツファイバーで作られているものが気に入っている。

種の品質はとても重要なので一番良い物を選ぼう。

ハイドロボール

園芸店から

ネットポット

工具類

液体肥料

様々な商品があるので近くの園芸店、またはハイドロポニックス専門店でどんな物が適しているか聞いてみよう。

1 プランターの作り方

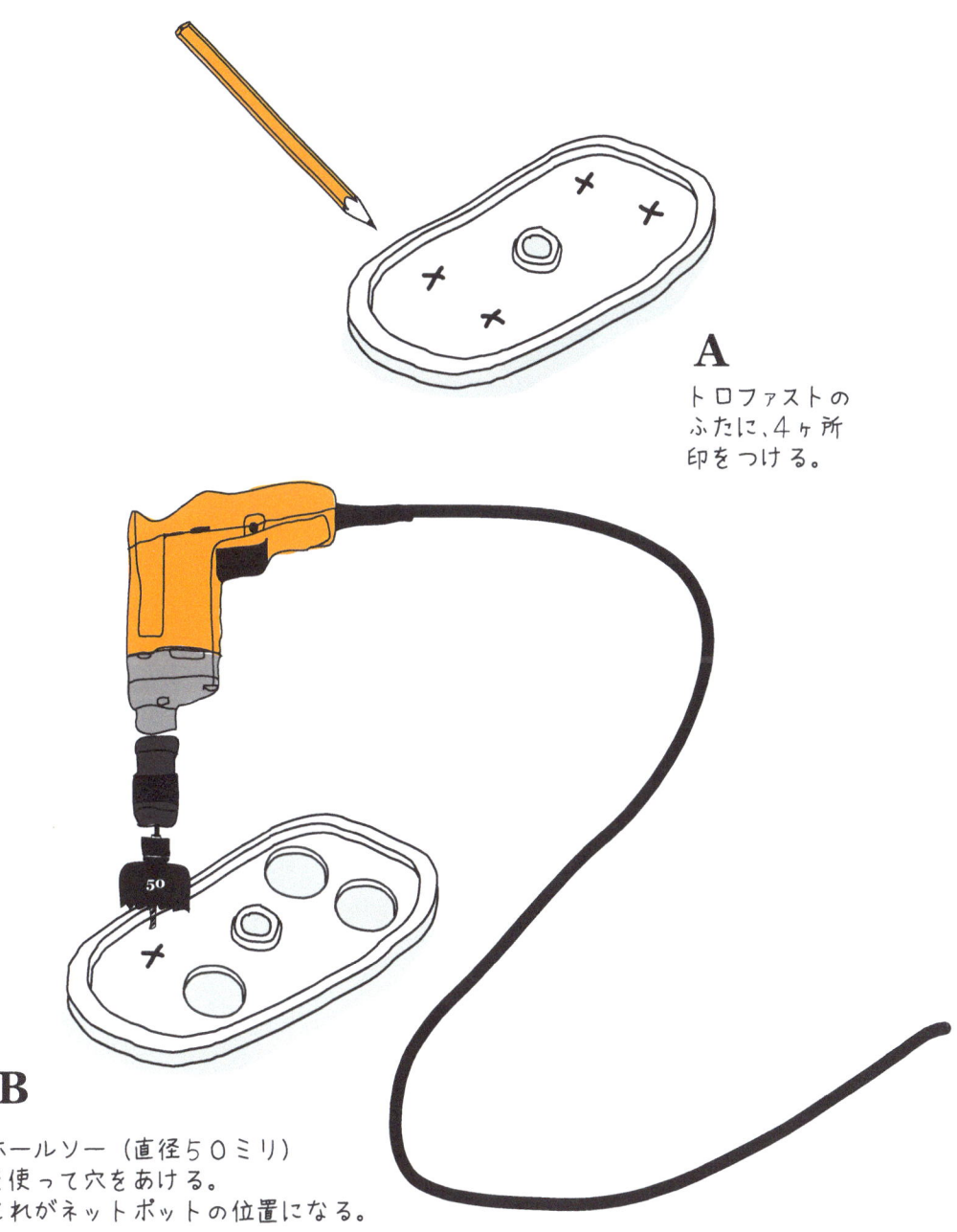

A
トロファストの
ふたに、4ヶ所
印をつける。

B
ホールソー（直径５０ミリ）
を使って穴をあける。
これがネットポットの位置になる。

2 ネットポットの取り付け

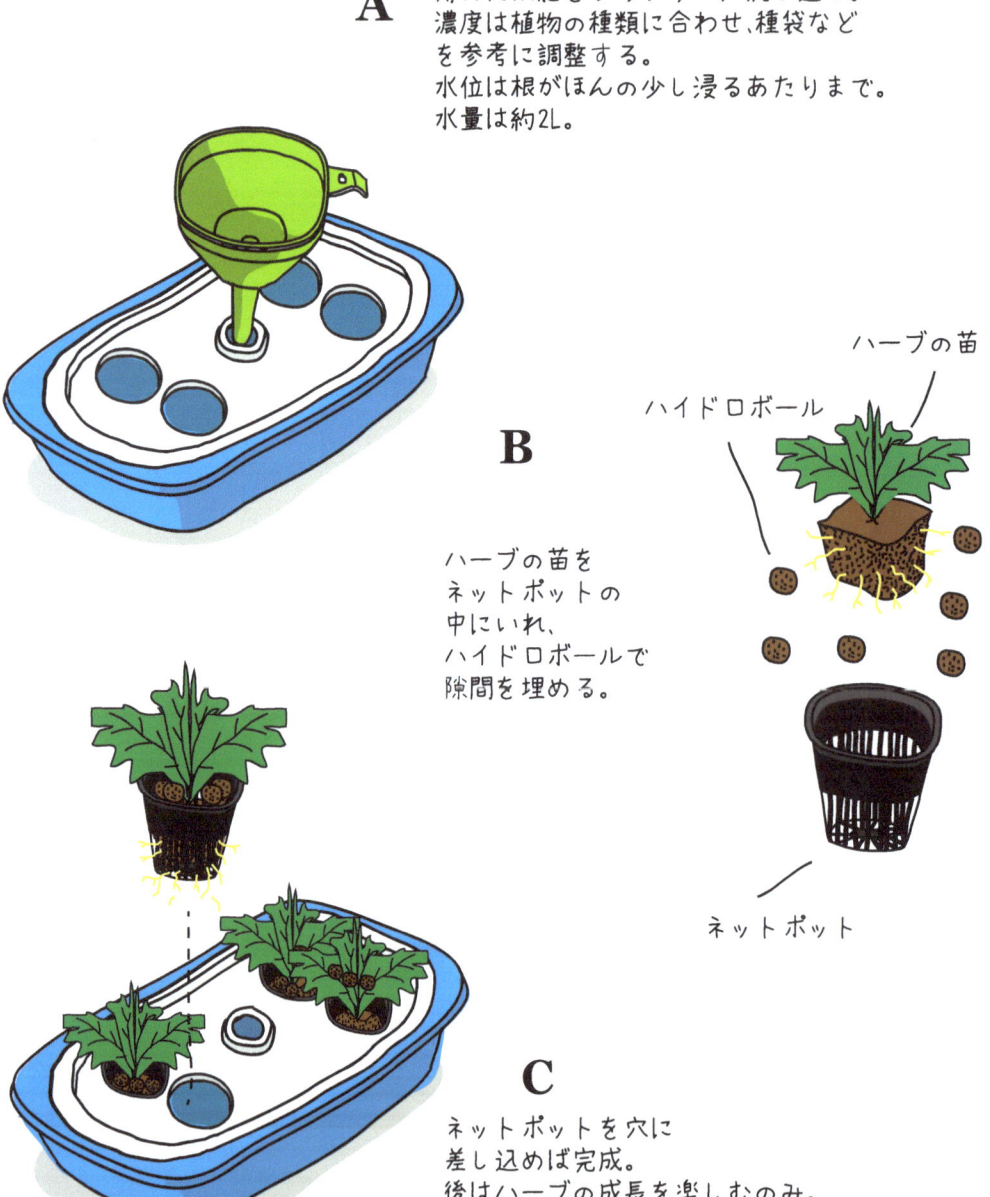

A
薄めた液肥をプランターに流し込む。
濃度は植物の種類に合わせ、種袋など
を参考に調整する。
水位は根がほんの少し浸るあたりまで。
水量は約2L。

B
ハーブの苗を
ネットポットの
中にいれ、
ハイドロボールで
隙間を埋める。

ハーブの苗
ハイドロボール
ネットポット

C
ネットポットを穴に
差し込めば完成。
後はハーブの成長を楽しむのみ。

3 収穫

A 植え替えた後、苗は空中と水中に根を伸ばす
（空中根とハイドロポニックス用の根が発達する）
この二種の根により、酸素と養分の吸収が行われる。

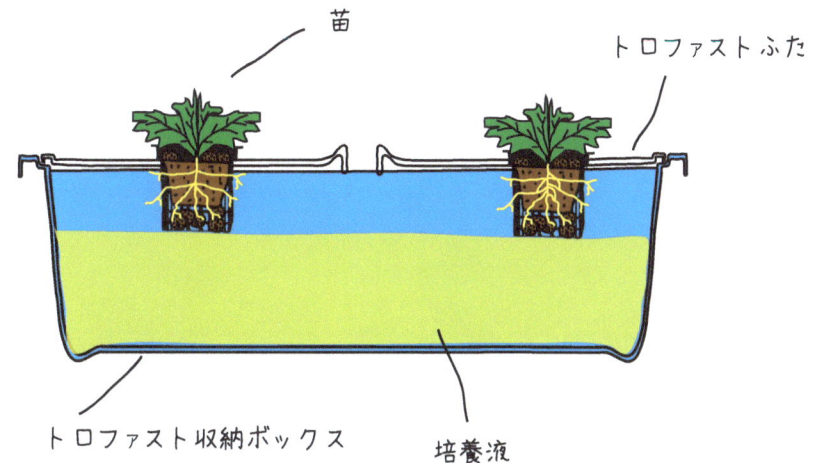

B 植物はほとんどの水分を吸収する。水がなくなったら、収穫時だ。
収穫する前に挿し木をすれば、すぐにまた苗が育てられる。

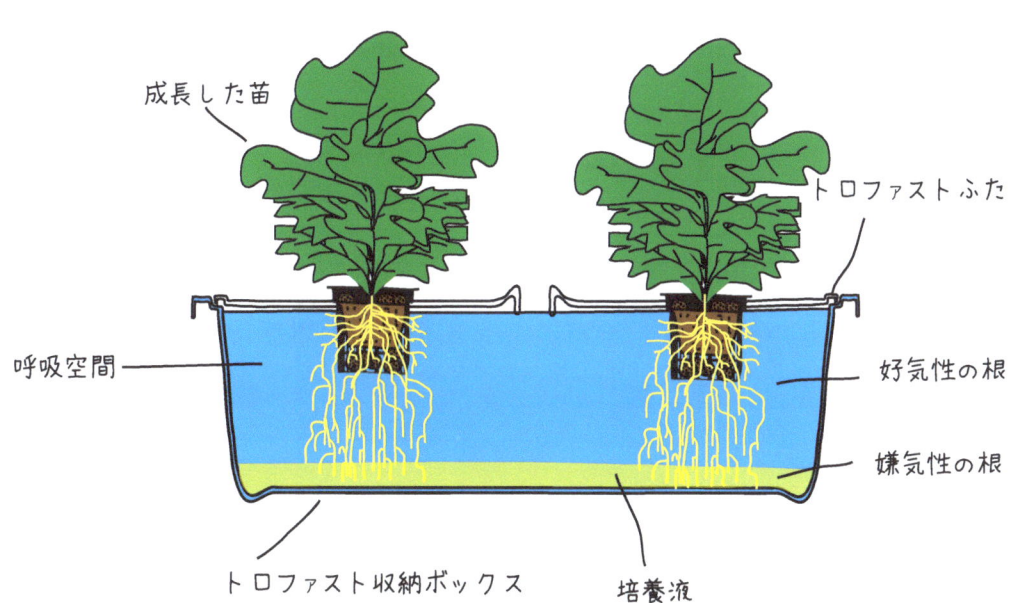

C

培養液を少しずつ補充することもできる。
その際、空中に伸びた根のために、水位を
一定に保ち、入れ過ぎに注意する。

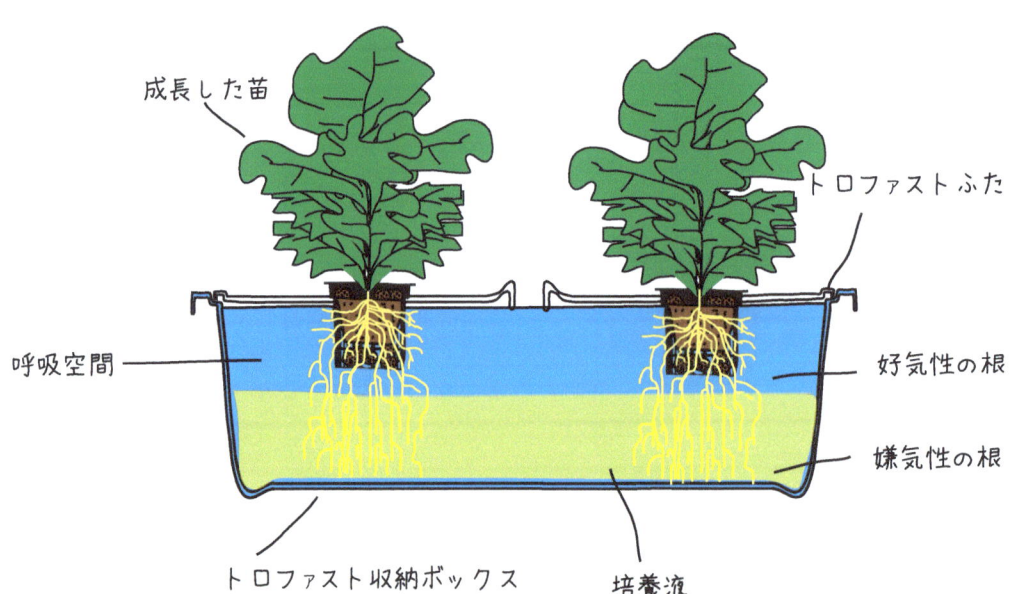

このモデルでは、頻繁に「水」やり（培養液の補充）が
必要だが、他のシステムでは植物が得られるだけの
水分と酸素に順応し成長するため、「水」やりは不要になる。

4 エリオ #4 壁庭

ウォールアンカーを使えば、エリオ#4を簡単に壁に取り付けることができ、ウォールガーデンに早変わり。

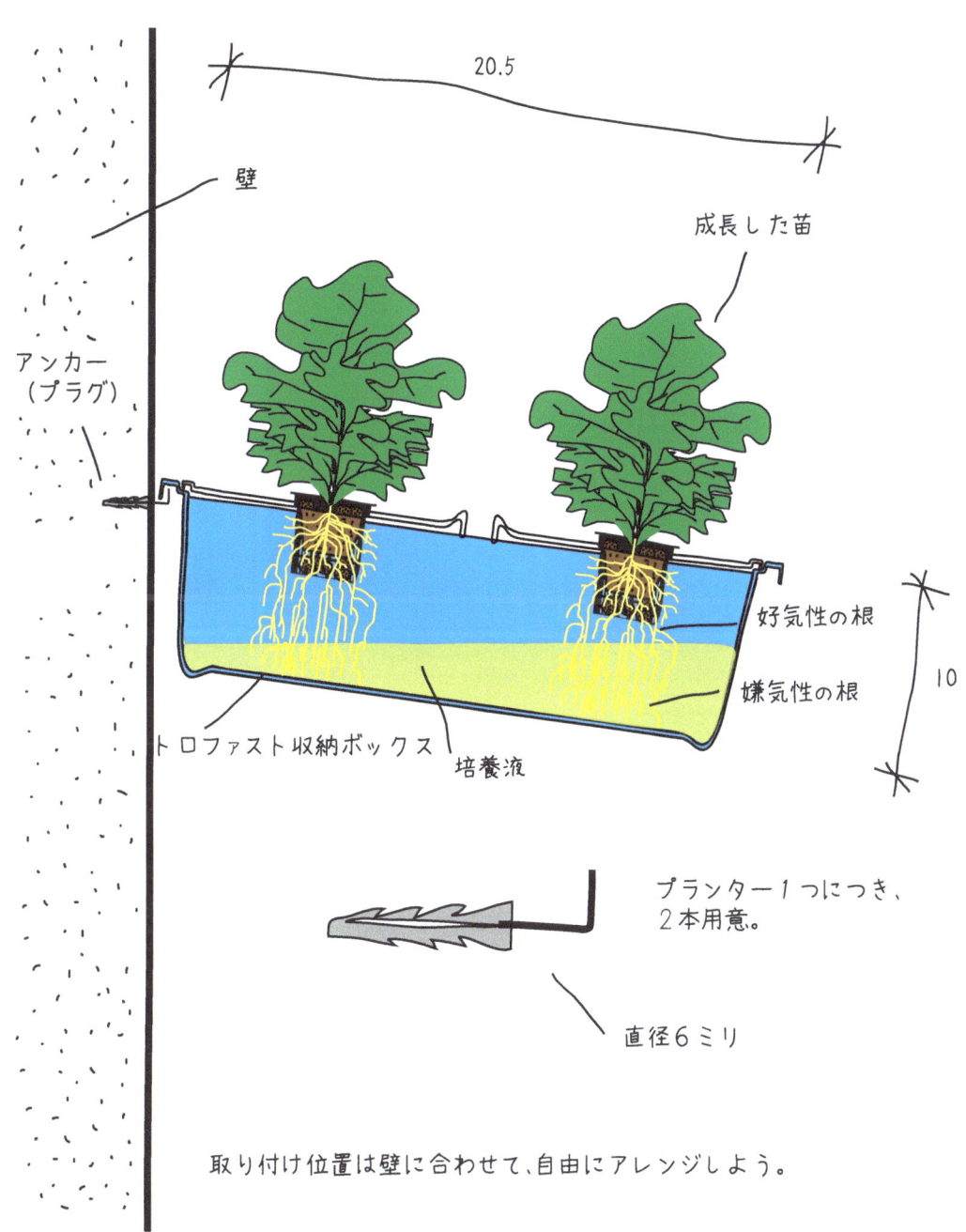

取り付け位置は壁に合わせて、自由にアレンジしよう。

エリオ #4壁庭

エリオ #8

エリオ#8ならキッチン、オフィスなど、あらゆる場所で植物を育てられる。日当りの良い窓際や、蛍光灯の下に置くと良い。エリオ#8も壁に取り付けられる。

TROFAST（トロファスト）ふた
701.362.03

ハーブ

ココナッツファイバーの培地と隙間を埋めるハイドロボール

ネットポット

TROFAST（トロファスト）収納ボックス
201.416.69

エリオ #8: 必要なもの

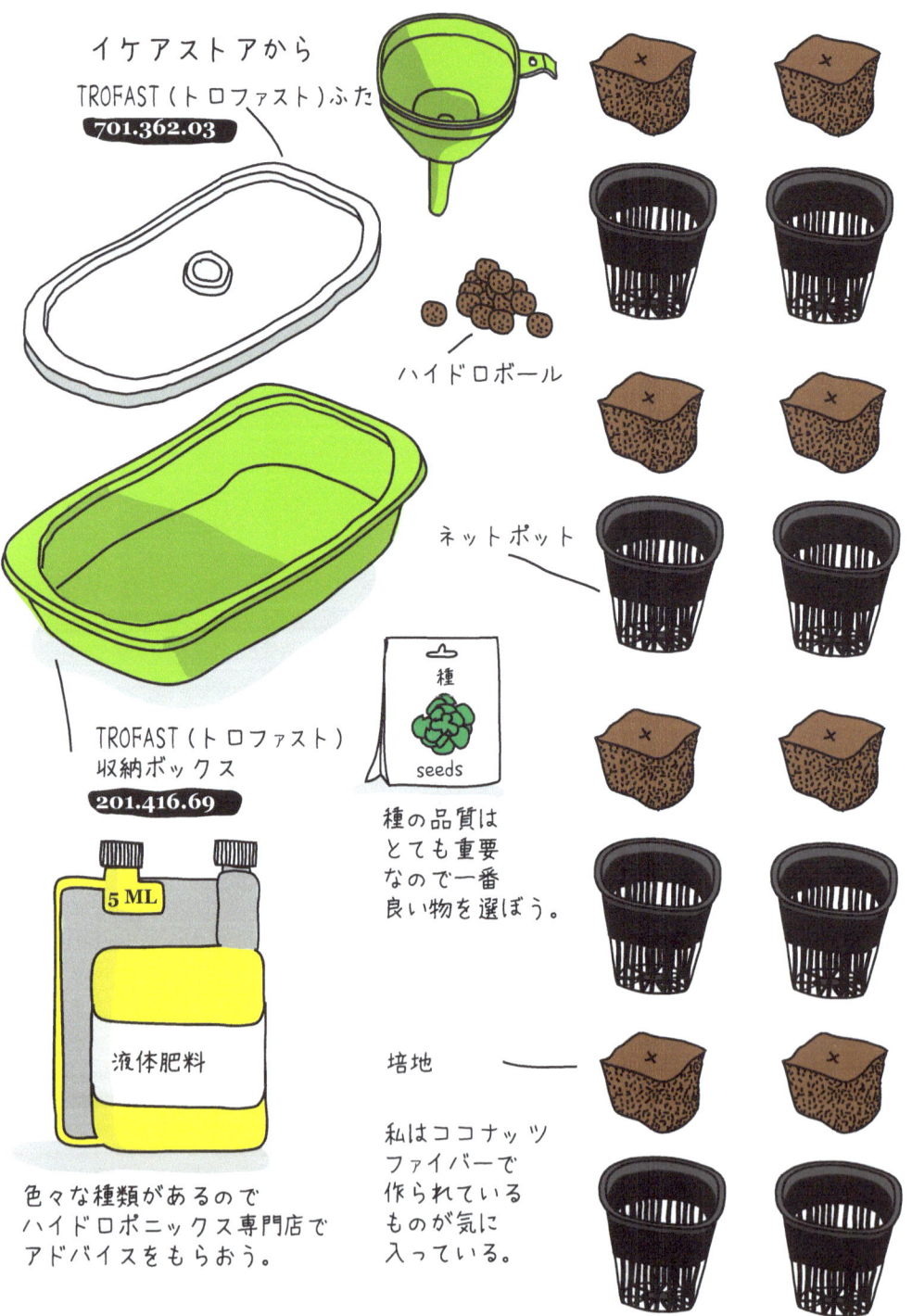

イケアストアから
TROFAST（トロファスト）ふた
701.362.03

TROFAST（トロファスト）
収納ボックス
201.416.69

液体肥料

色々な種類があるので
ハイドロポニックス専門店で
アドバイスをもらおう。

園芸店から

ハイドロボール

ネットポット

種 seeds

種の品質は
とても重要
なので一番
良い物を選ぼう。

培地

私はココナッツ
ファイバーで
作られている
ものが気に
入っている。

工具類

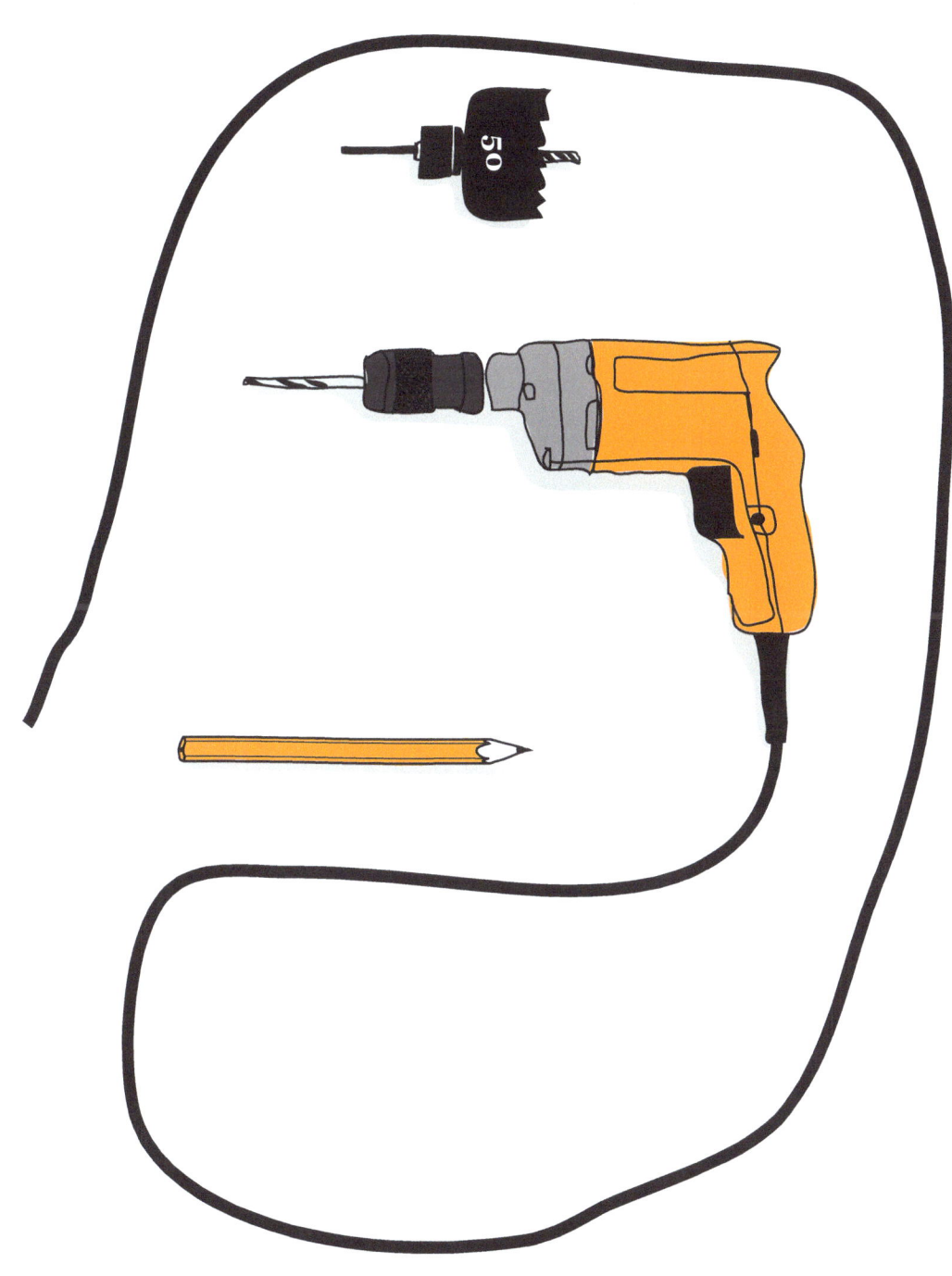

1 プランターの作り方

A
トロファストのふたに、8ヶ所印をつける。

B
ホールソー（直径50ミリ）を使って穴をあける。これがエリオ#8のネットポットの位置となる。

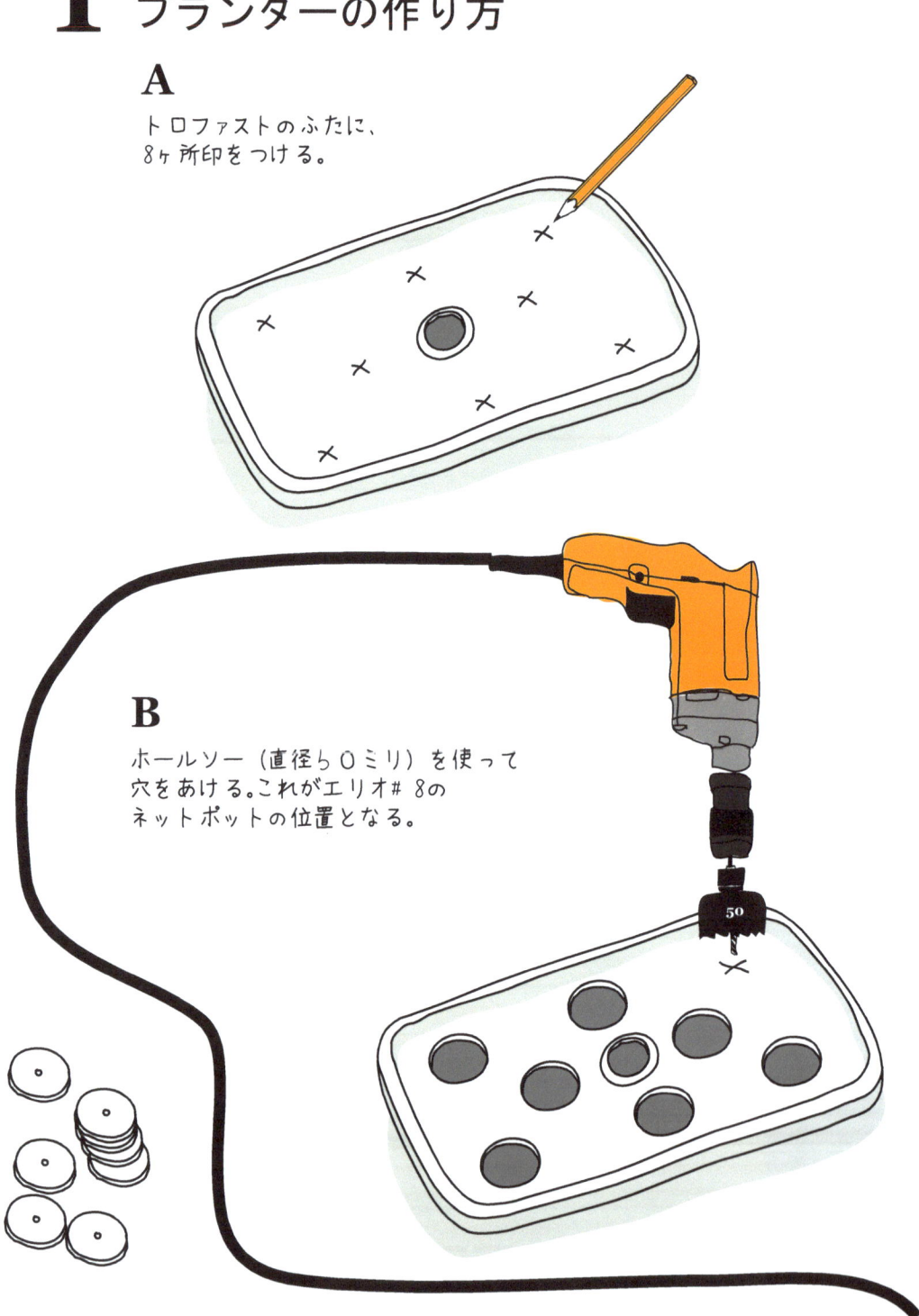

2 ネットポットの取り付け

A
プランターに培養液を流し込む。濃度は植物に合わせて調整する。水位は根がほんの少し浸るあたりまで。水量は約4.2L。正確な量はネットポットの大きさなどによって異なるので、あらかじめ量っておこう。

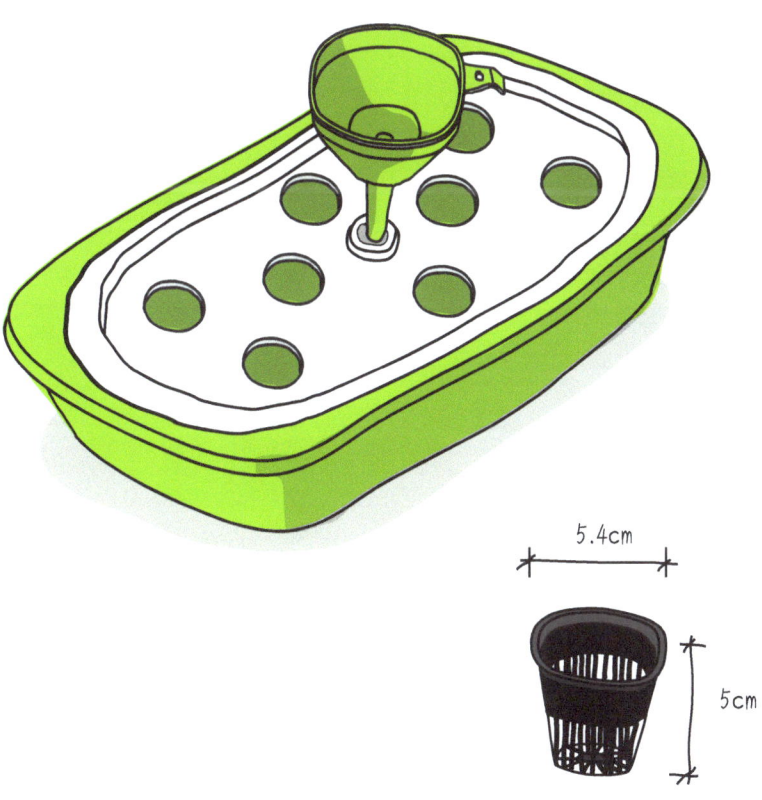

B

苗をネットポットに入れ、
ハイドロボールで隙間を埋める。

ハーブの苗
ハイドロボール
ネットポット

C

ネットポットを穴に差し込めば完成。
後は、ハーブの成長を楽しむのみ。

3 エリオ #8 壁庭

アンカーとピンポン玉を使えば、エリオ#8を簡単に壁に取り付けることができ、ウォールガーデンに早変わり。

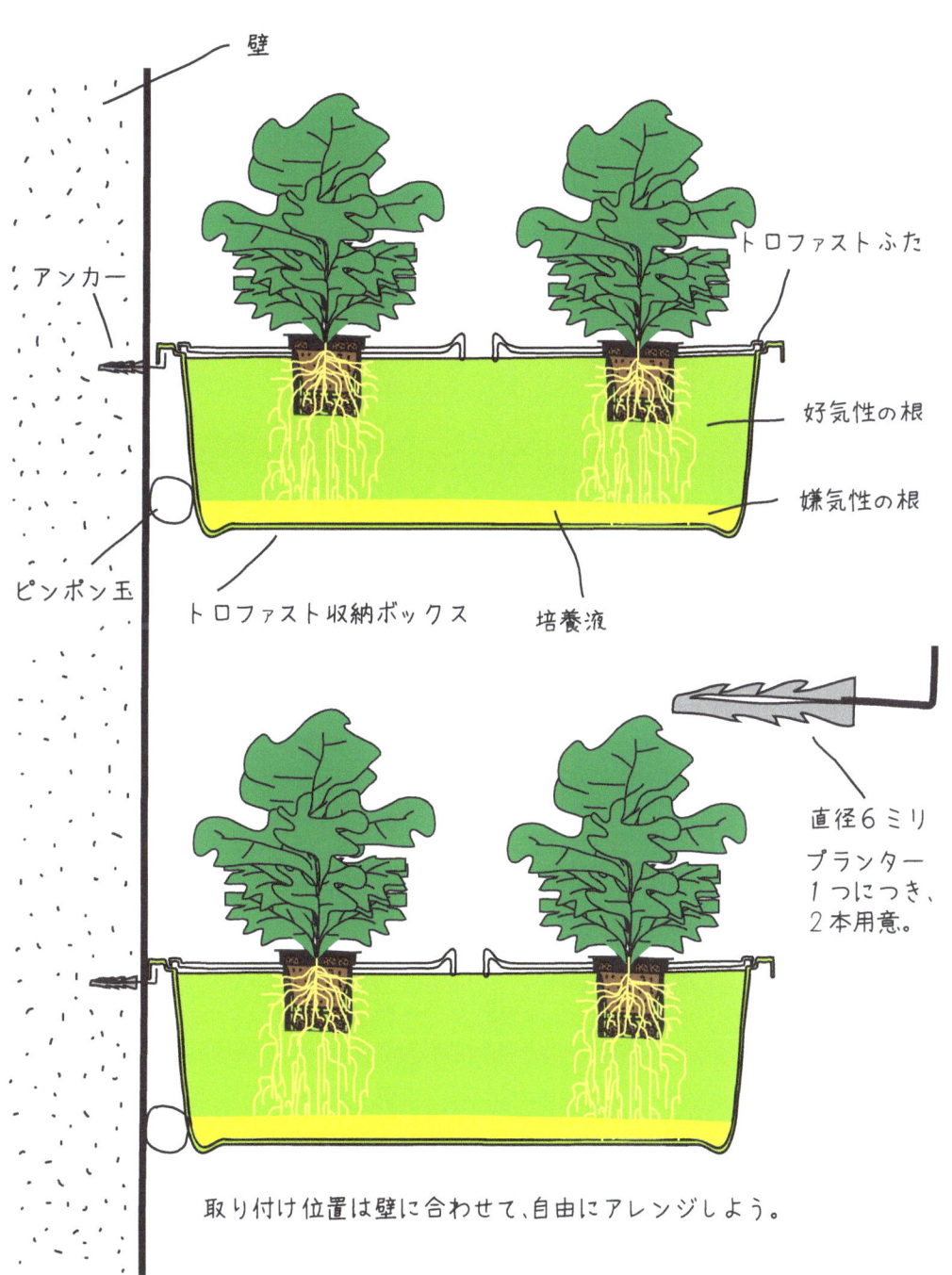

取り付け方

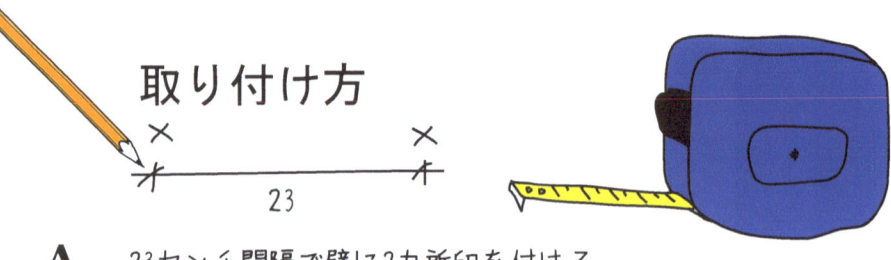

A 23センチ間隔で壁に2カ所印を付ける。
印は水平であることが重要。

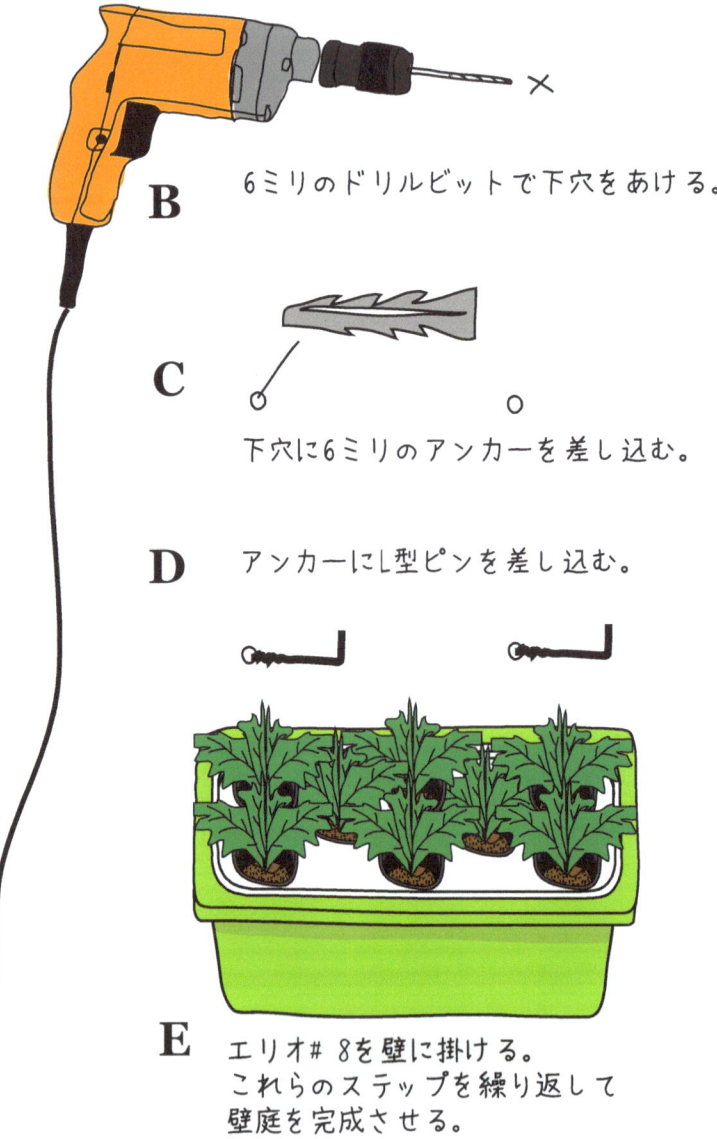

B 6ミリのドリルビットで下穴をあける。

C 下穴に6ミリのアンカーを差し込む。

D アンカーにL型ピンを差し込む。

E エリオ#8を壁に掛ける。
これらのステップを繰り返して
壁庭を完成させる。

エリオを地面と平行に
取り付ける場合は、壁と
プランターの間に
ピンポン玉を1つ入れる。

または、エリオ#4と
同様に壁に掛ける。

エリオ #デスク

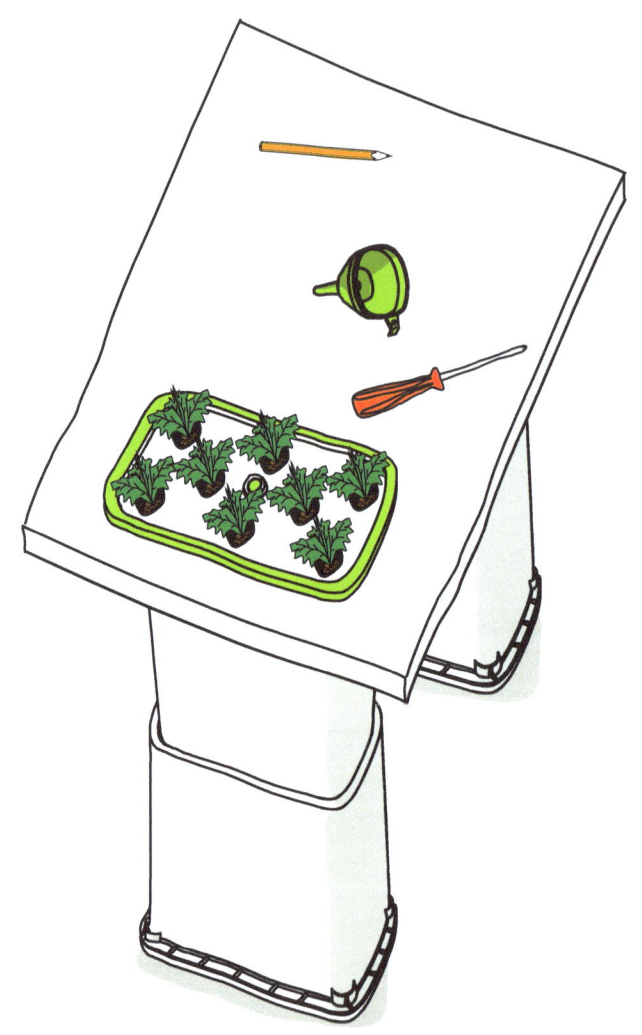

エリオ# デスクでは8株までの植物を育てることができる。ハーブや葉菜類をオフィスで育てるのに最適。このデスクはテーブルトップと架台を組み合わせたもので、エリオ# 8をテーブルにはめ込む仕組みになっている。架台は収納ボックスでできているため、ガーデニング用品の収納スペースとしても使える。

エリオデスク：必要なもの
イケアストアから

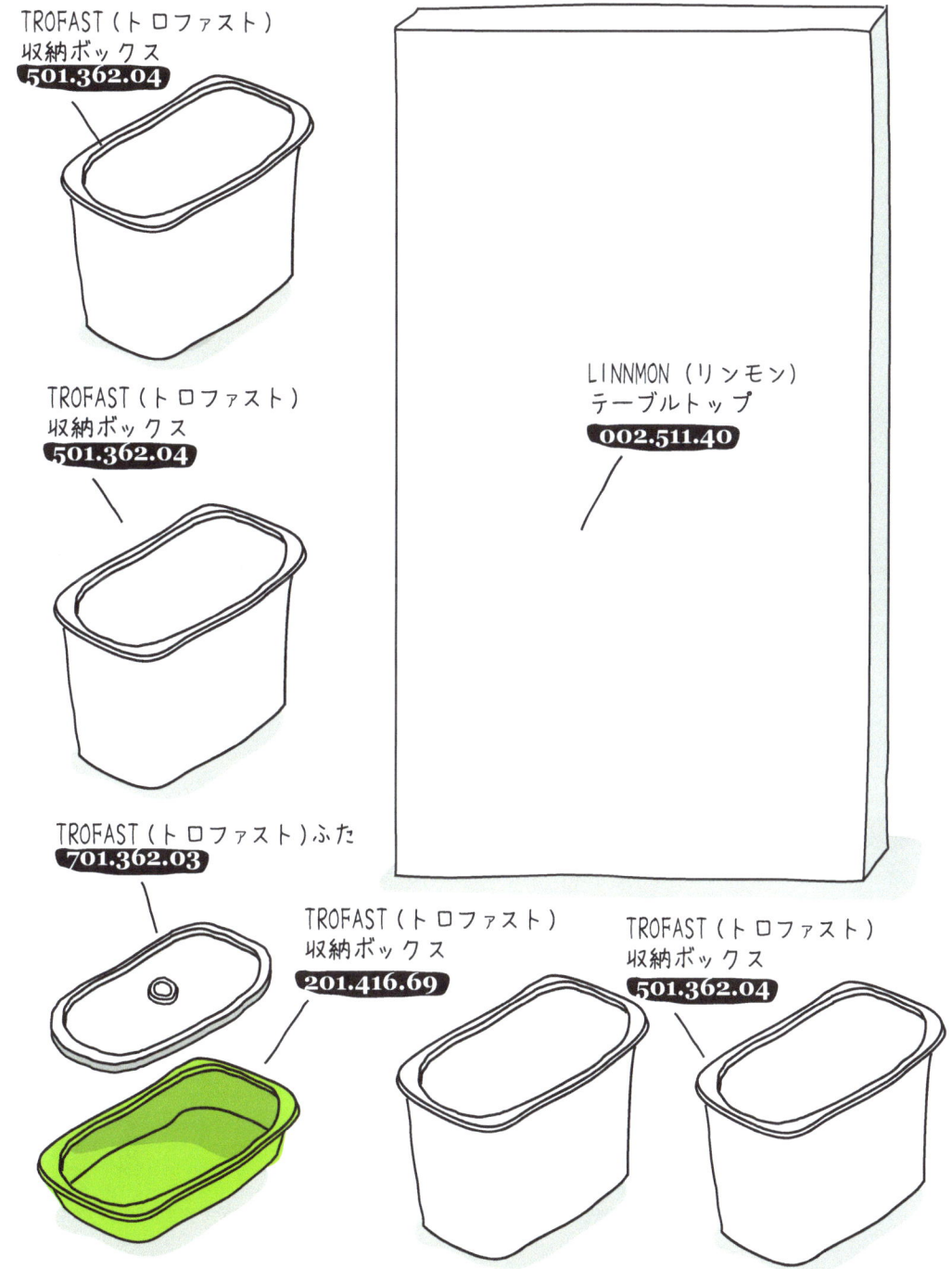

TROFAST（トロファスト）
収納ボックス
501.362.04

TROFAST（トロファスト）
収納ボックス
501.362.04

LINNMON（リンモン）
テーブルトップ
002.511.40

TROFAST（トロファスト）ふた
701.362.03

TROFAST（トロファスト）
収納ボックス
201.416.69

TROFAST（トロファスト）
収納ボックス
501.362.04

園芸店から

色々な種類があるので
ハイドロボニックス専門店で
アドバイスをもらおう。

ハイドロボール

培地

種の品質は
とても重要
なので一番
良い物を
選ぼう。

私はココナッツ
ファイバーで
作られている
ものが気に
入っている。

ネットポット

工具類

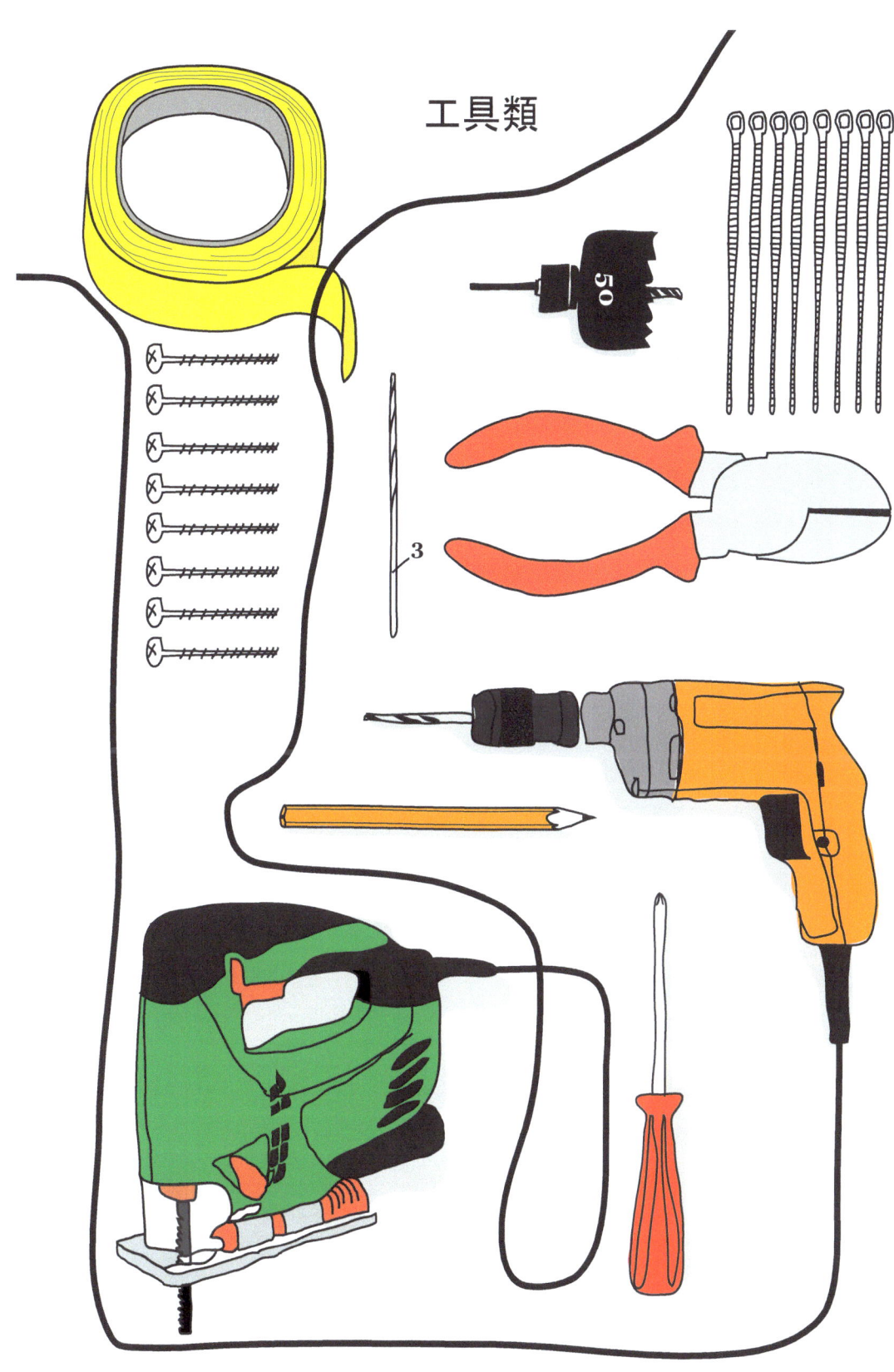

1 テーブルトップの作り方

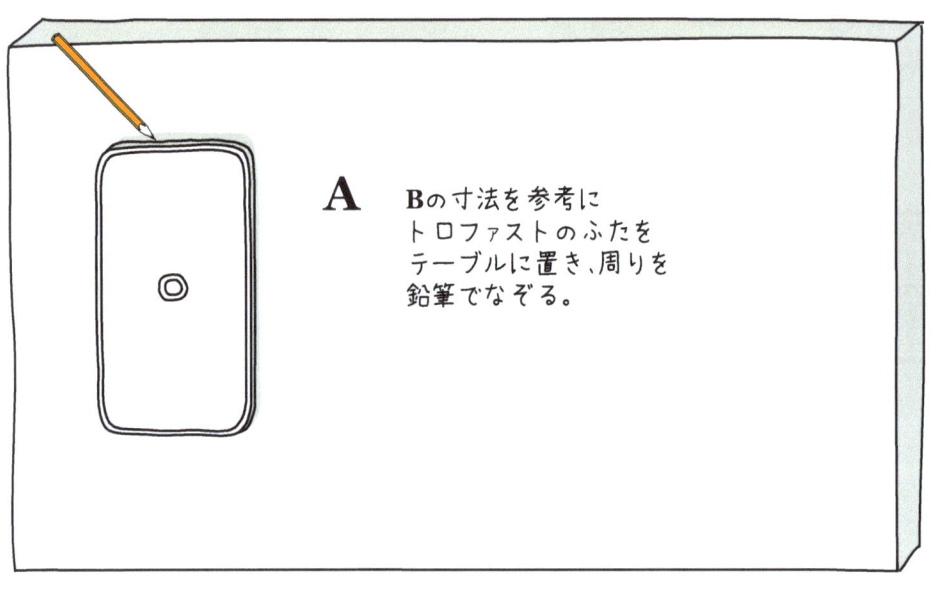

A Bの寸法を参考にトロファストのふたをテーブルに置き、周りを鉛筆でなぞる。

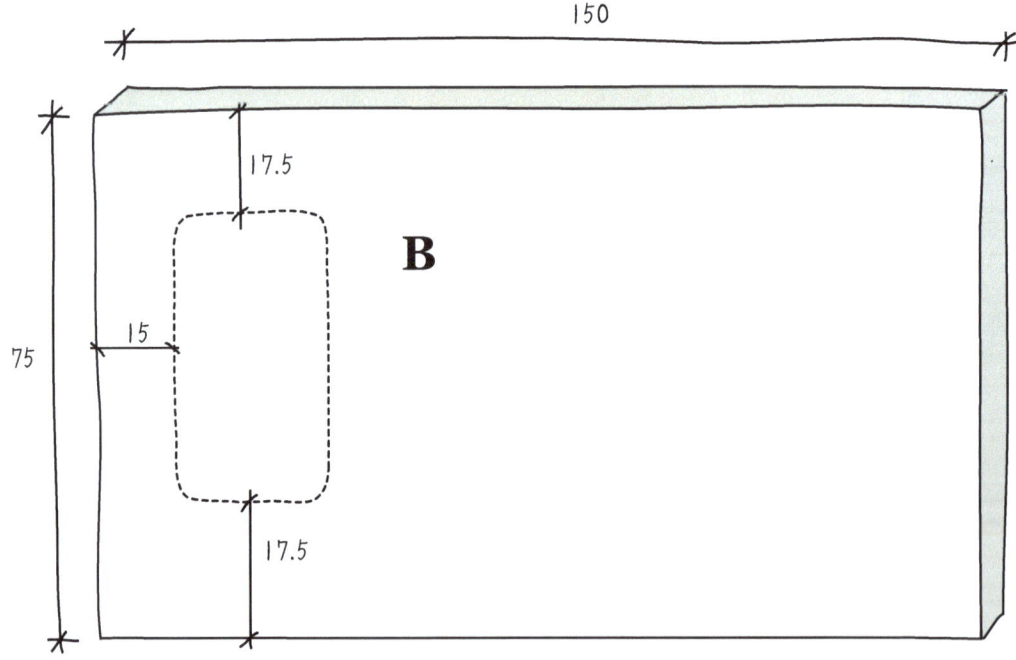

B

C トロファスト収納ボックス（プランター）がテーブルにはまるよう、角を描き直す（イラスト参照）後ほど修正することができるが、このステップは重要。切り口はプランターで隠れてしまうので、見た目は気にしない。

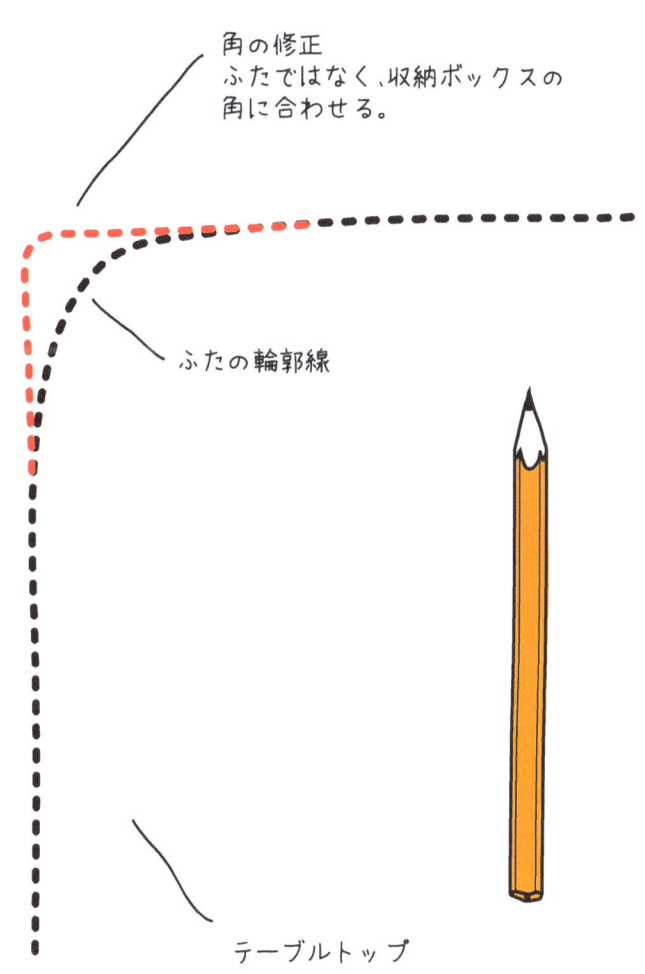

D ５０ミリのホールソーで、
ジグソーの刃を入れる穴をあける。

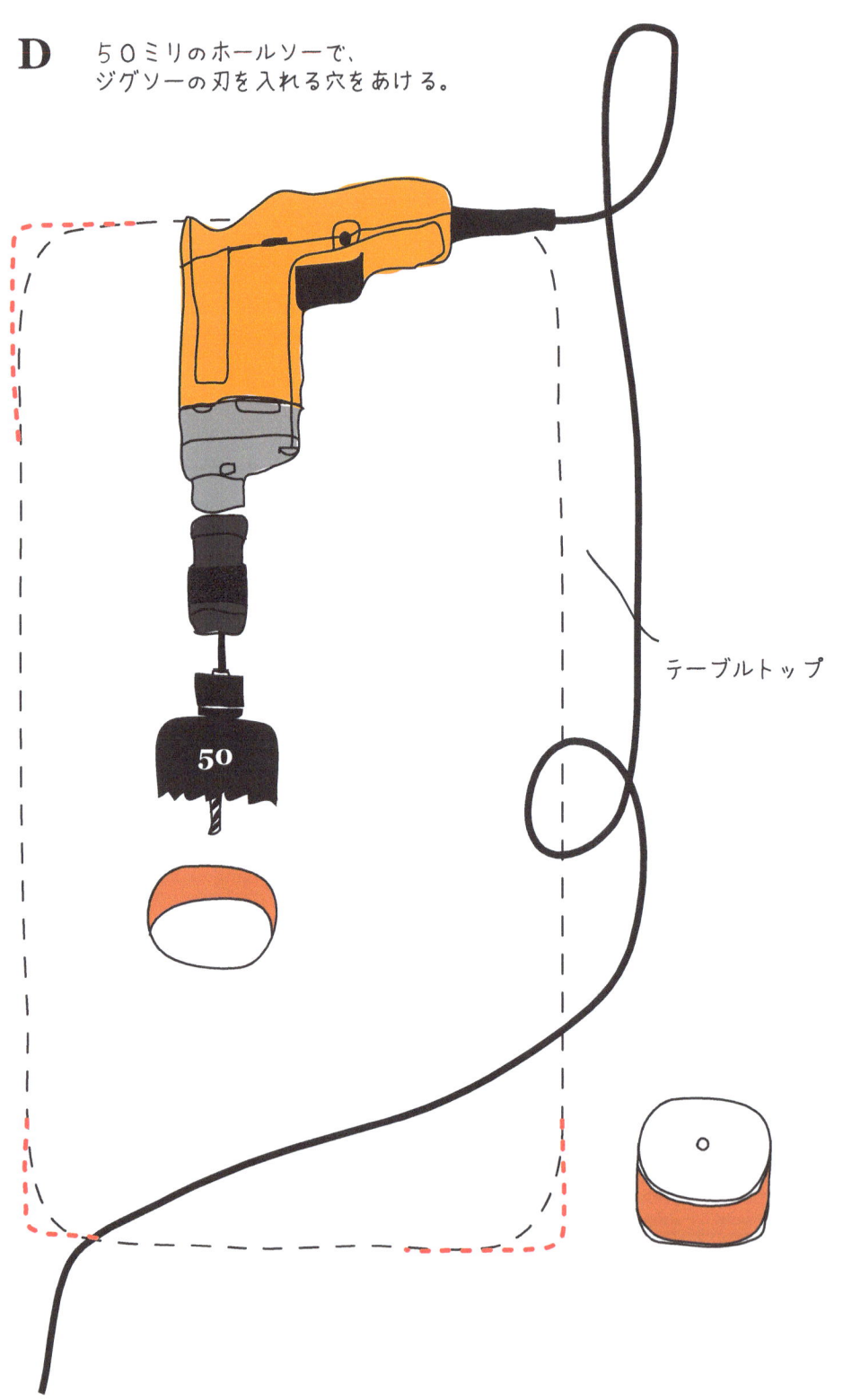

テーブルトップ

E ジグソーを接続し、鉛筆線に沿ってカットする。ゆっくり時間をかけて、きれいに切る。ジグソーを使う時はくれぐれも怪我をしないように気をつけよう。安全第一。

テーブルトップ

F おめでとう！
これでテーブルトップの完成。

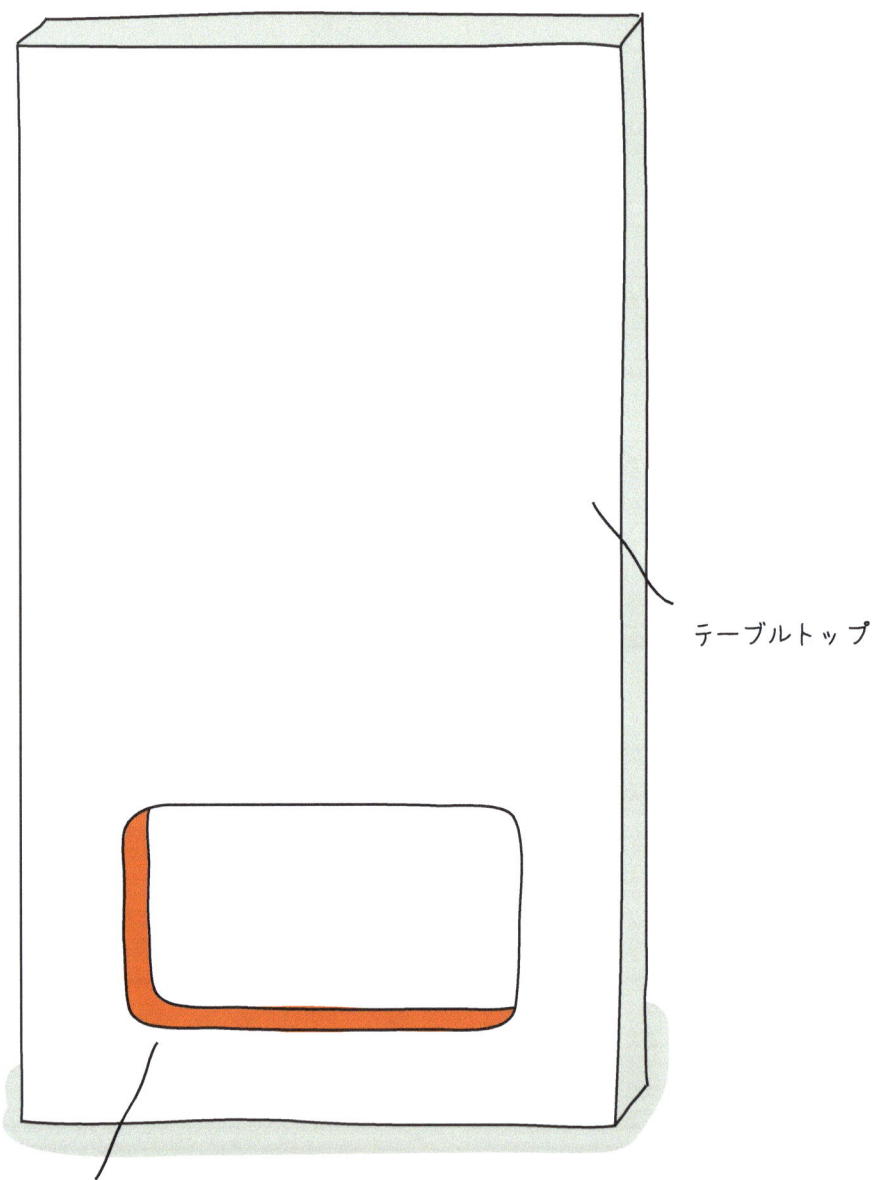

テーブルトップ

切り口は少し荒くても、隠れてしまうので気にしない。

2 架台の作り方

A

大きいトロファストボックスを
イラストの様に底を合わせて
積み重ねる。

この2つは、ずれないように
結束バンドで固定される。

この収納ボックスは
下からテーブルトップ
に固定される。

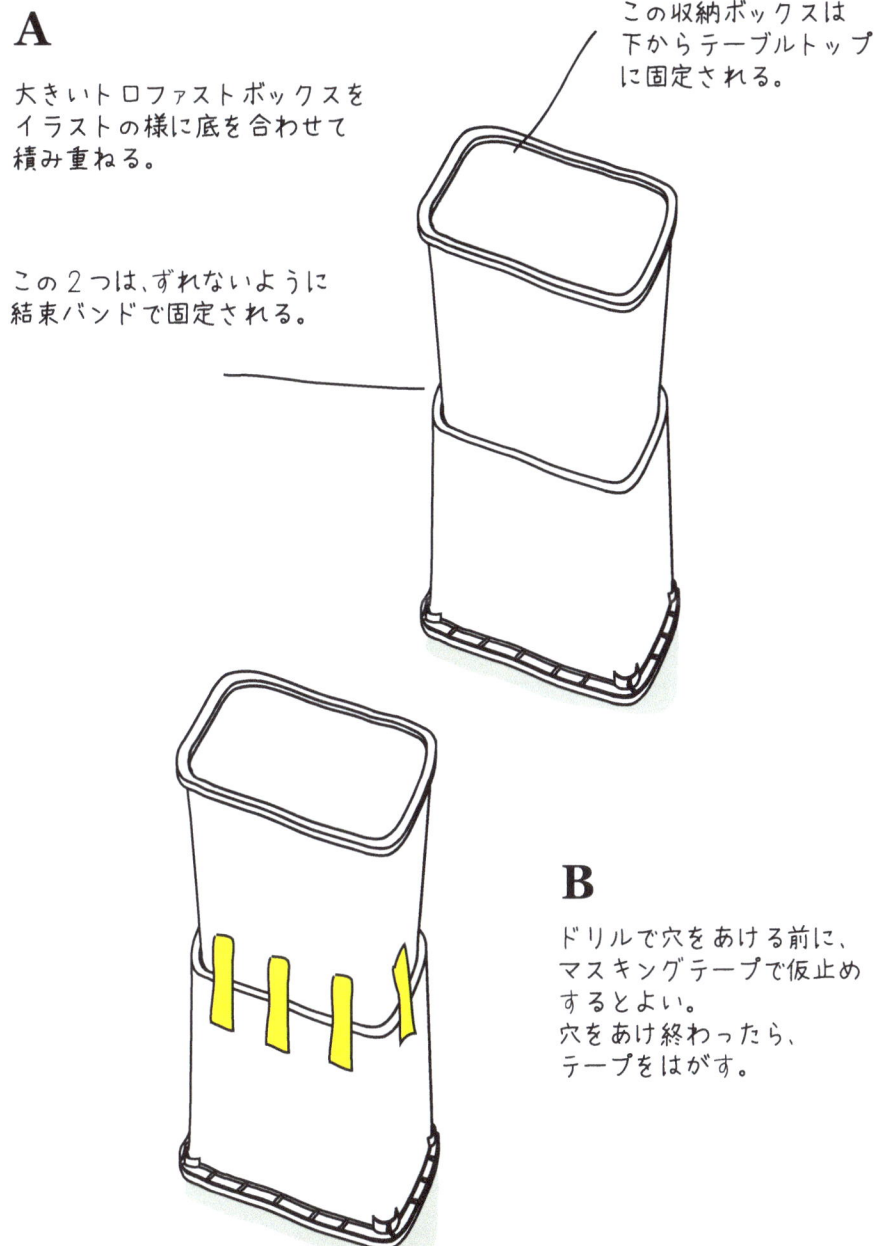

B

ドリルで穴をあける前に、
マスキングテープで仮止め
するとよい。
穴をあけ終わったら、
テープをはがす。

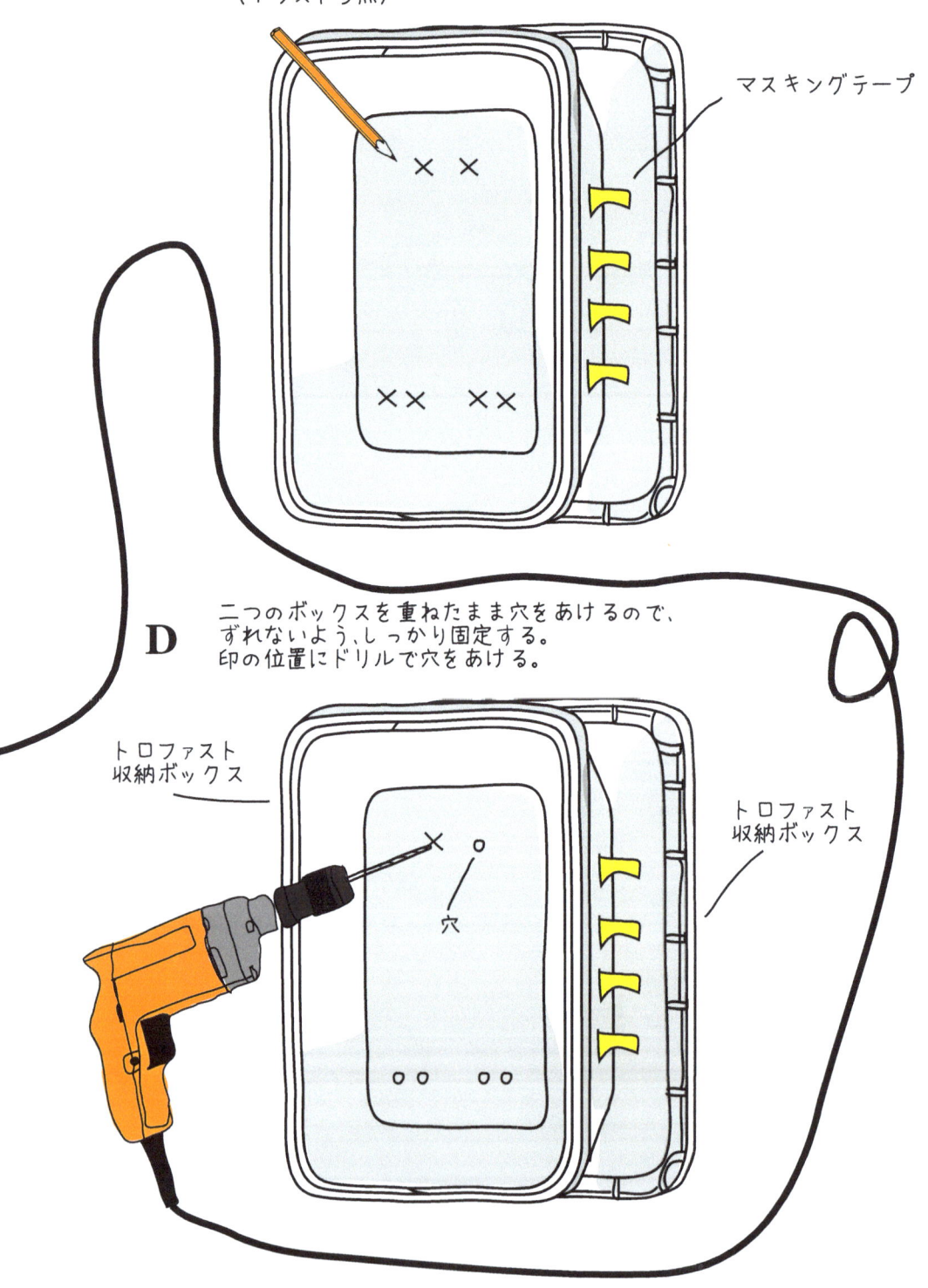

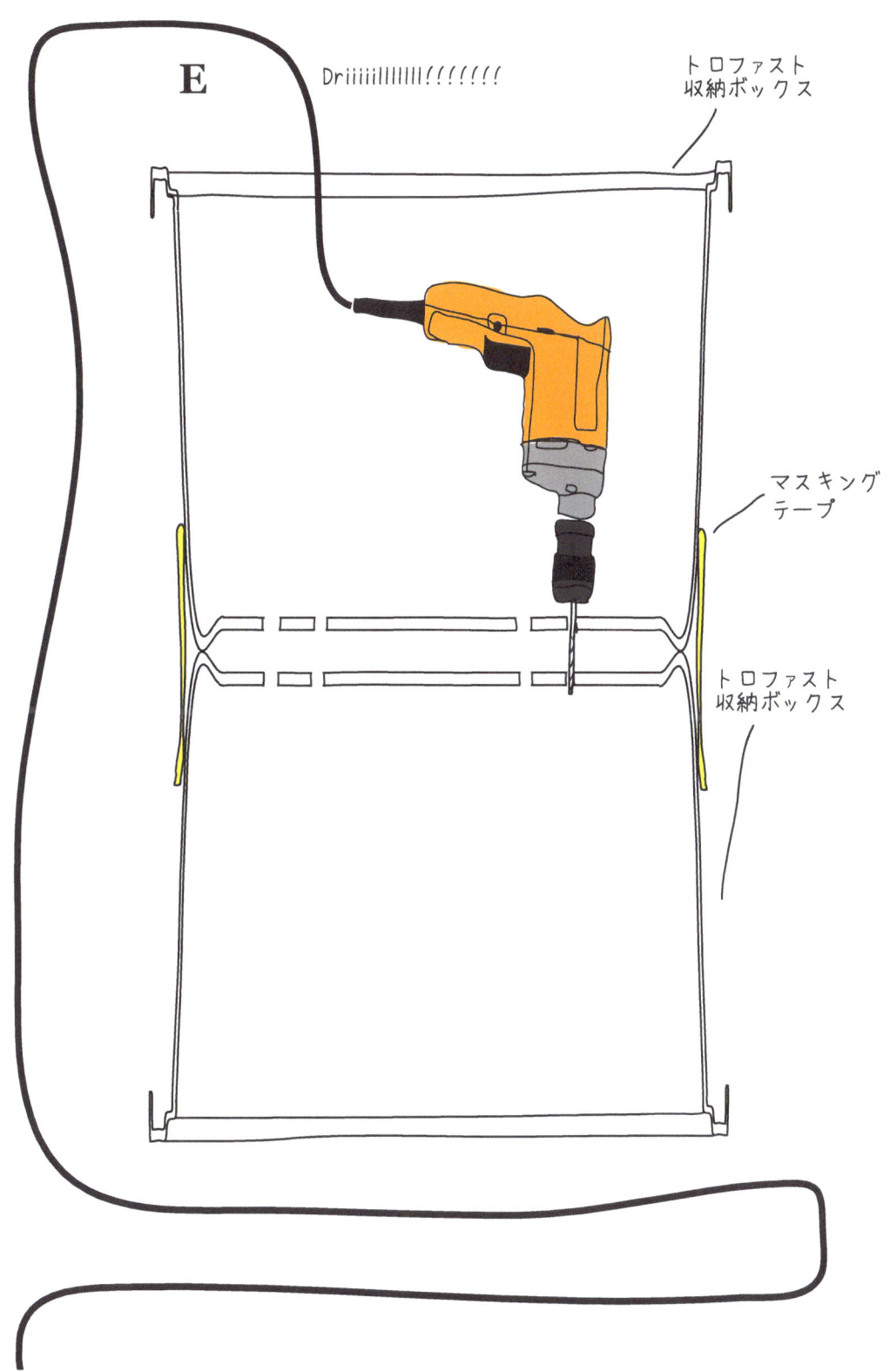

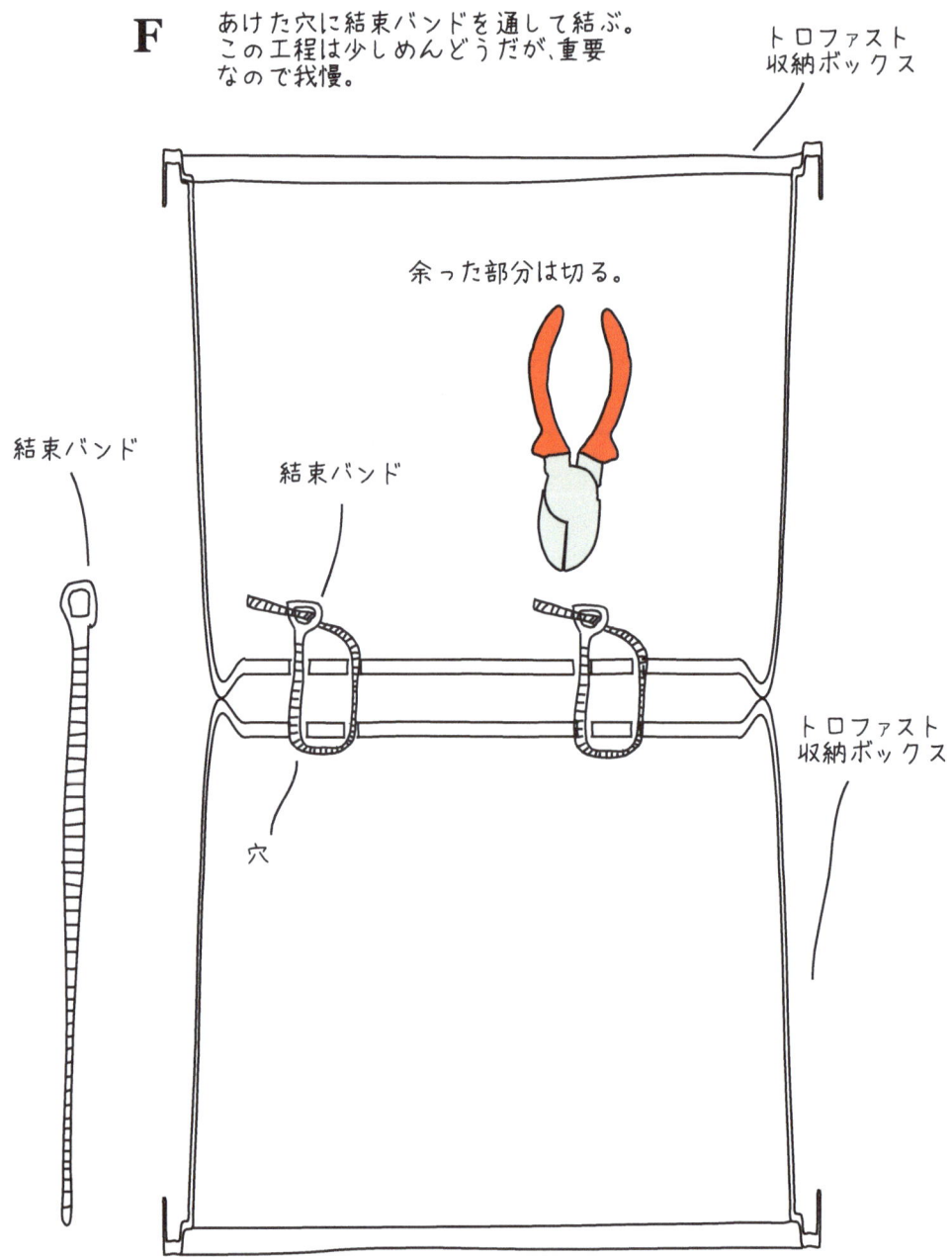

F あけた穴に結束バンドを通して結ぶ。この工程は少しめんどうだが、重要なので我慢。

F 反対側の脚も同様に。

3 テーブルの仕上げ
テーブルトップと架台を固定する

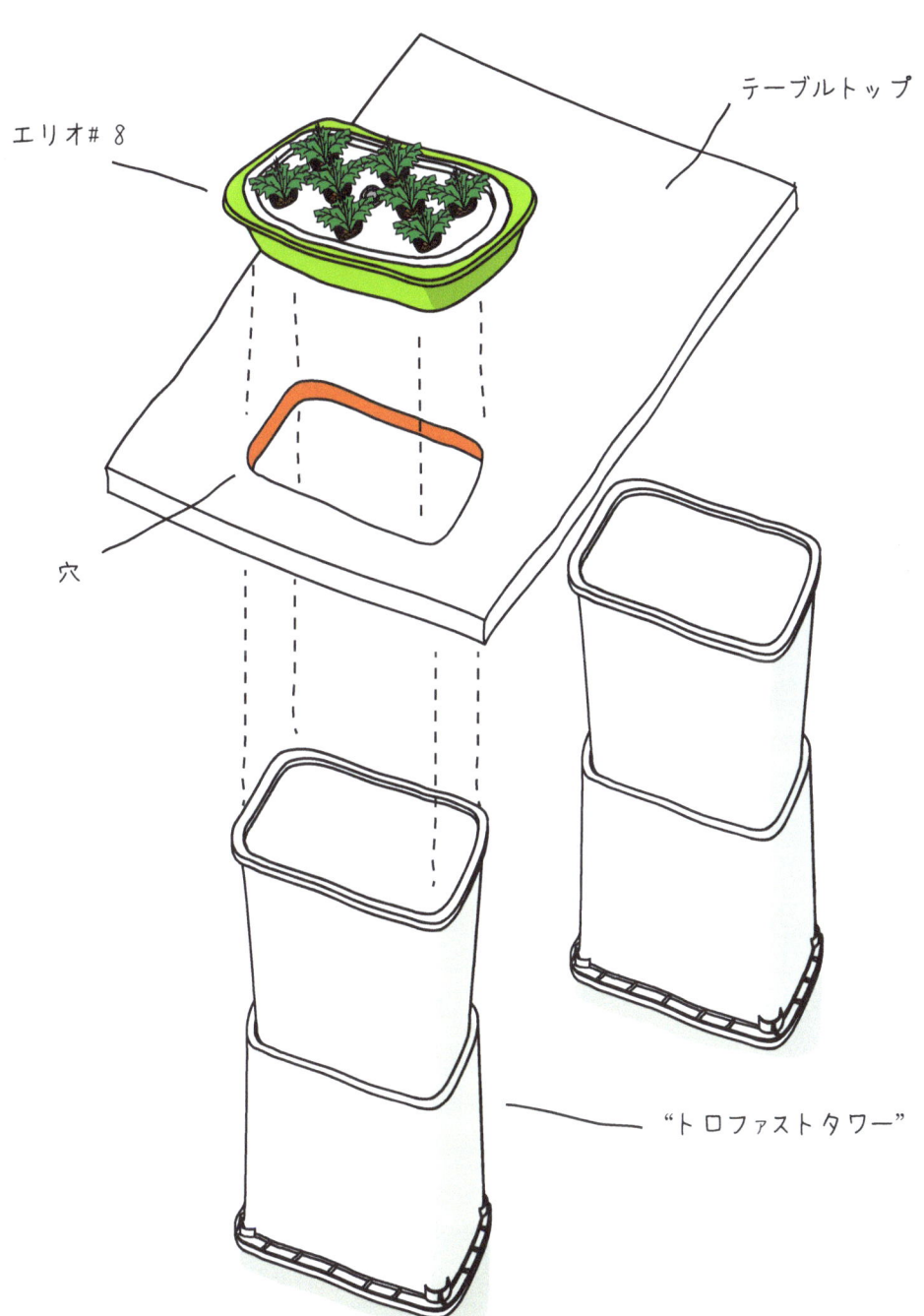

エリオ#8

テーブルトップ

穴

"トロファストタワー"

A "トロファストタワー"の上にテーブルトップをのせる。
下の収納ボックスのふちが隠れ、上からは見えない位置に置く。

ネジで固定する前にステップ**B**へ。

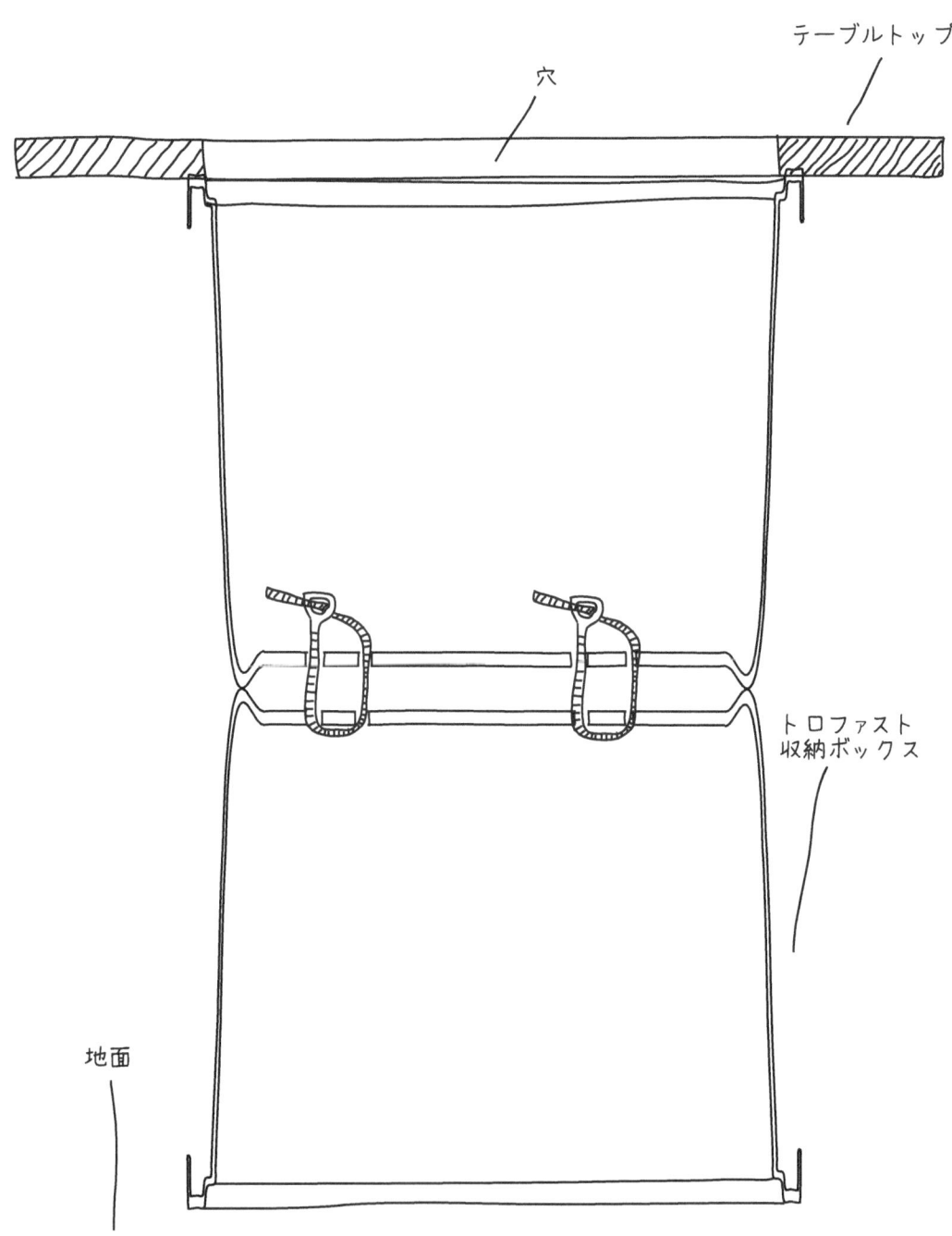

B エリオ#8が穴に入り、プランターで切り口が隠れることを確認する。エリオ#8は取り外し可能。架台のトロファストボックスは、収納スペースとして使える。

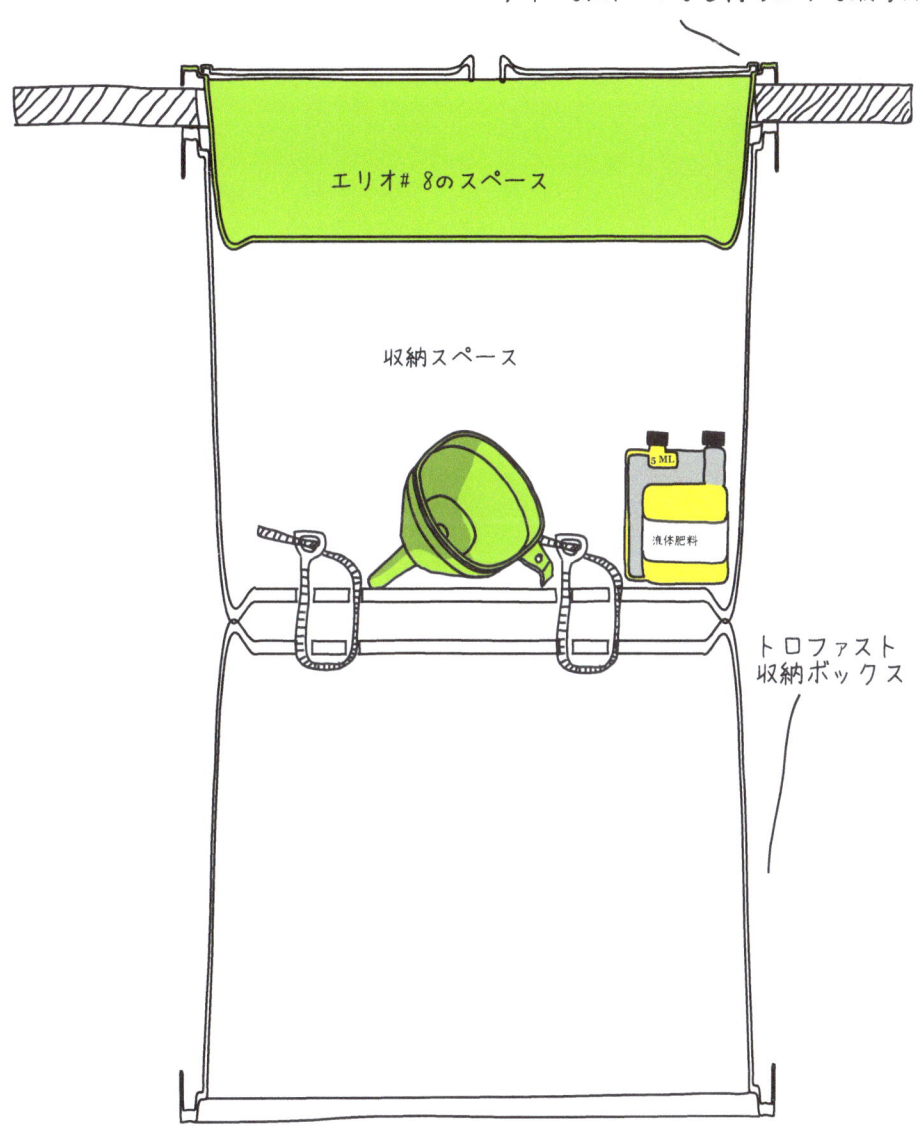

C テーブルを裏返し、ネジ4本で架台を固定する。これで安定性が高まる。

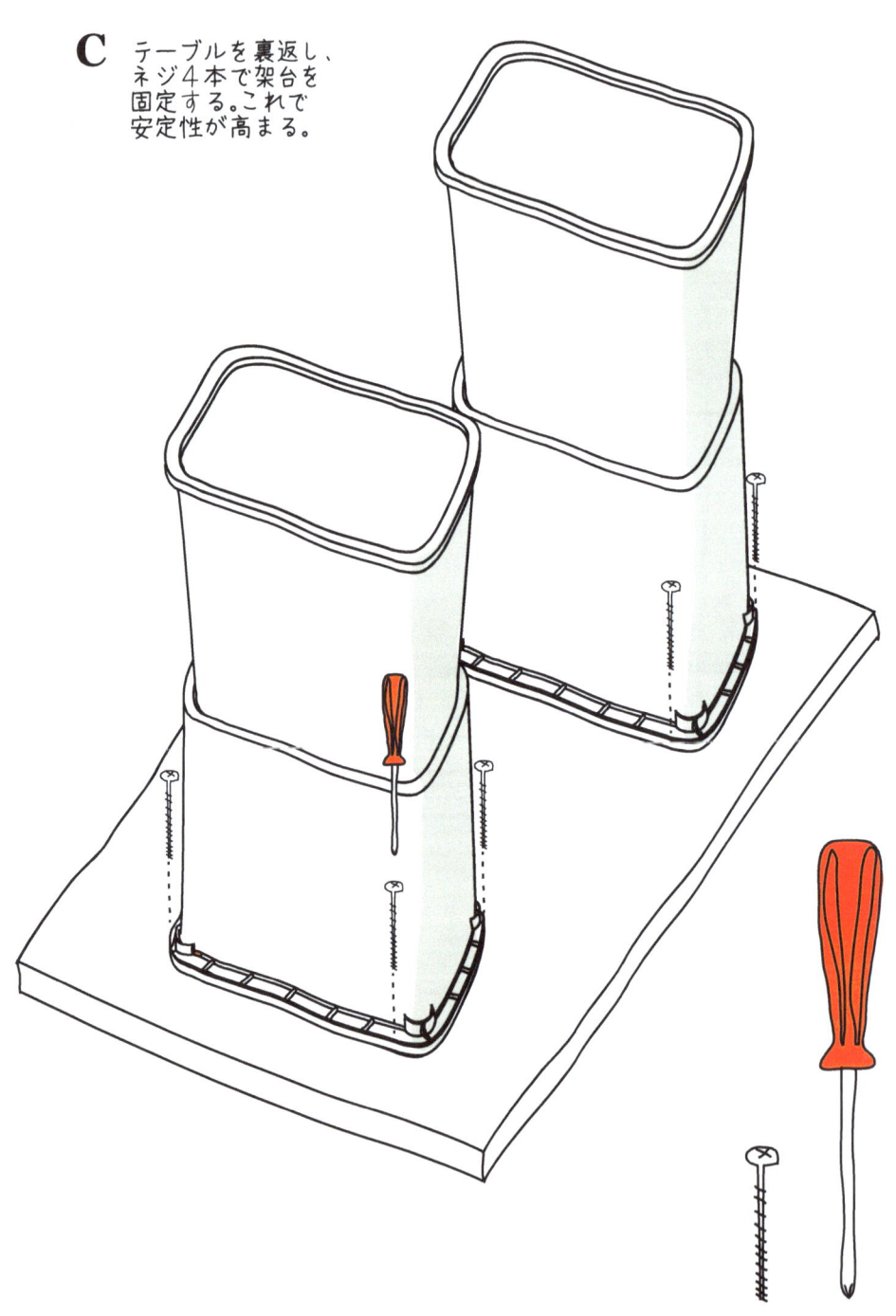

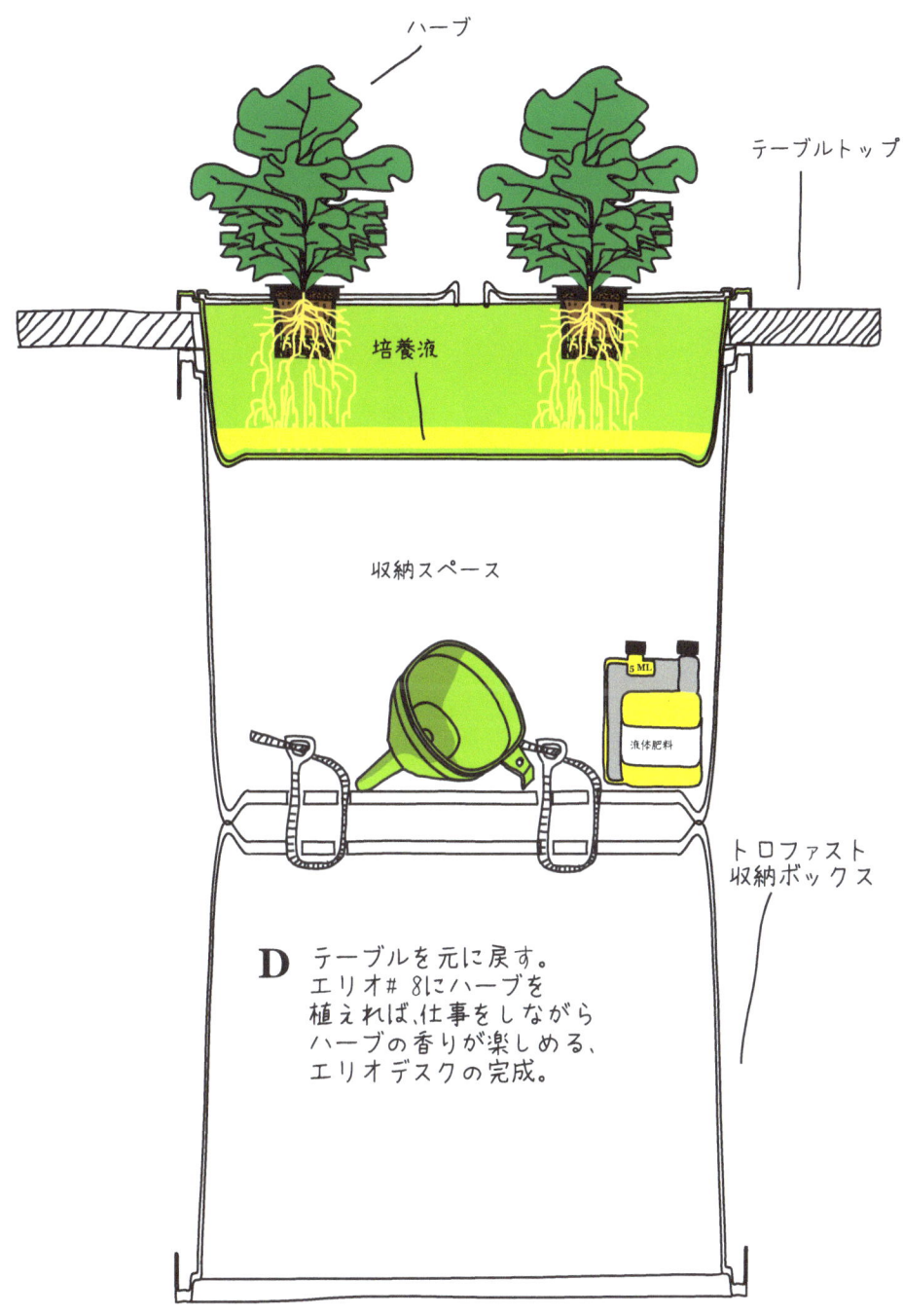

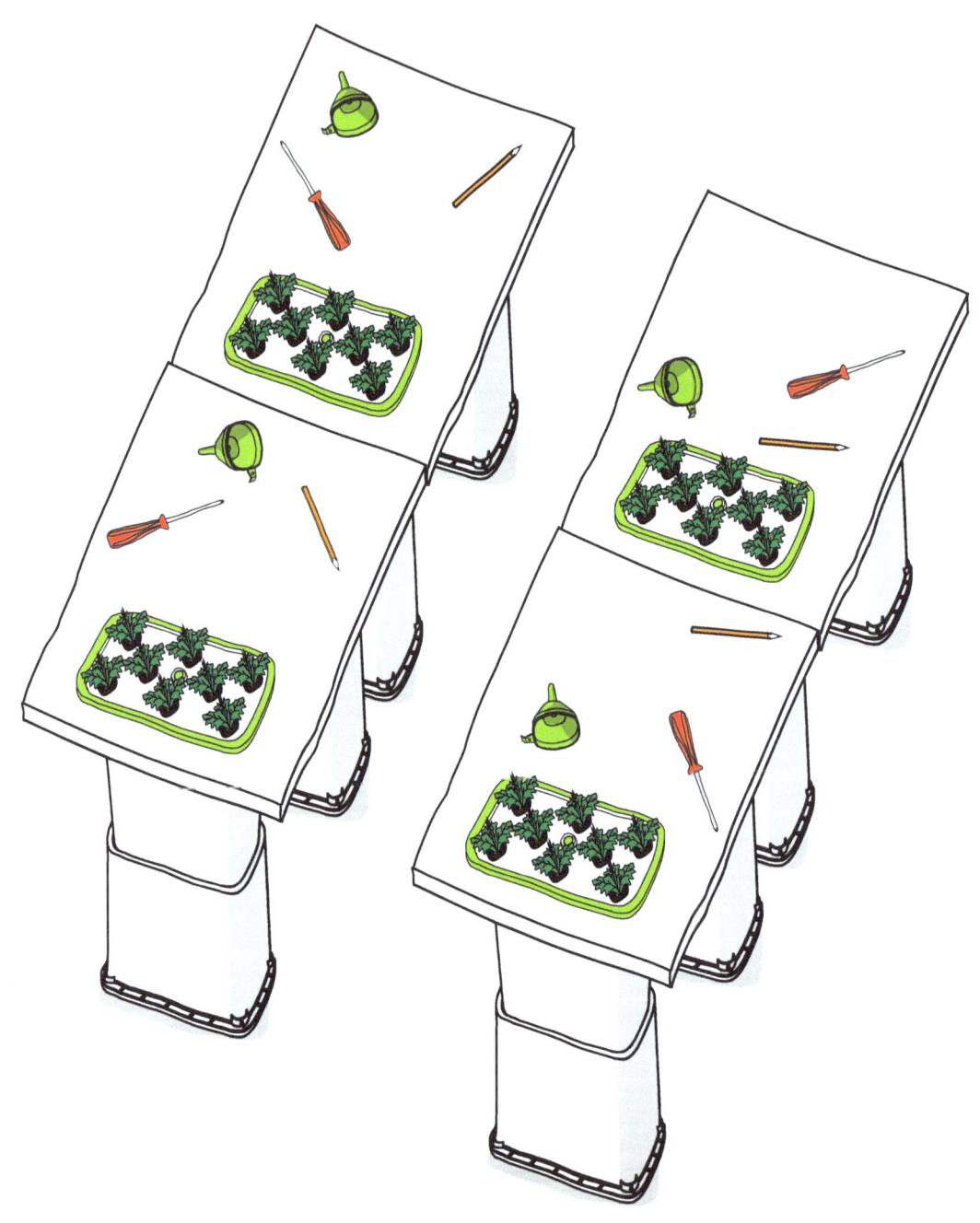

エリオ オフィス

エリオ #30

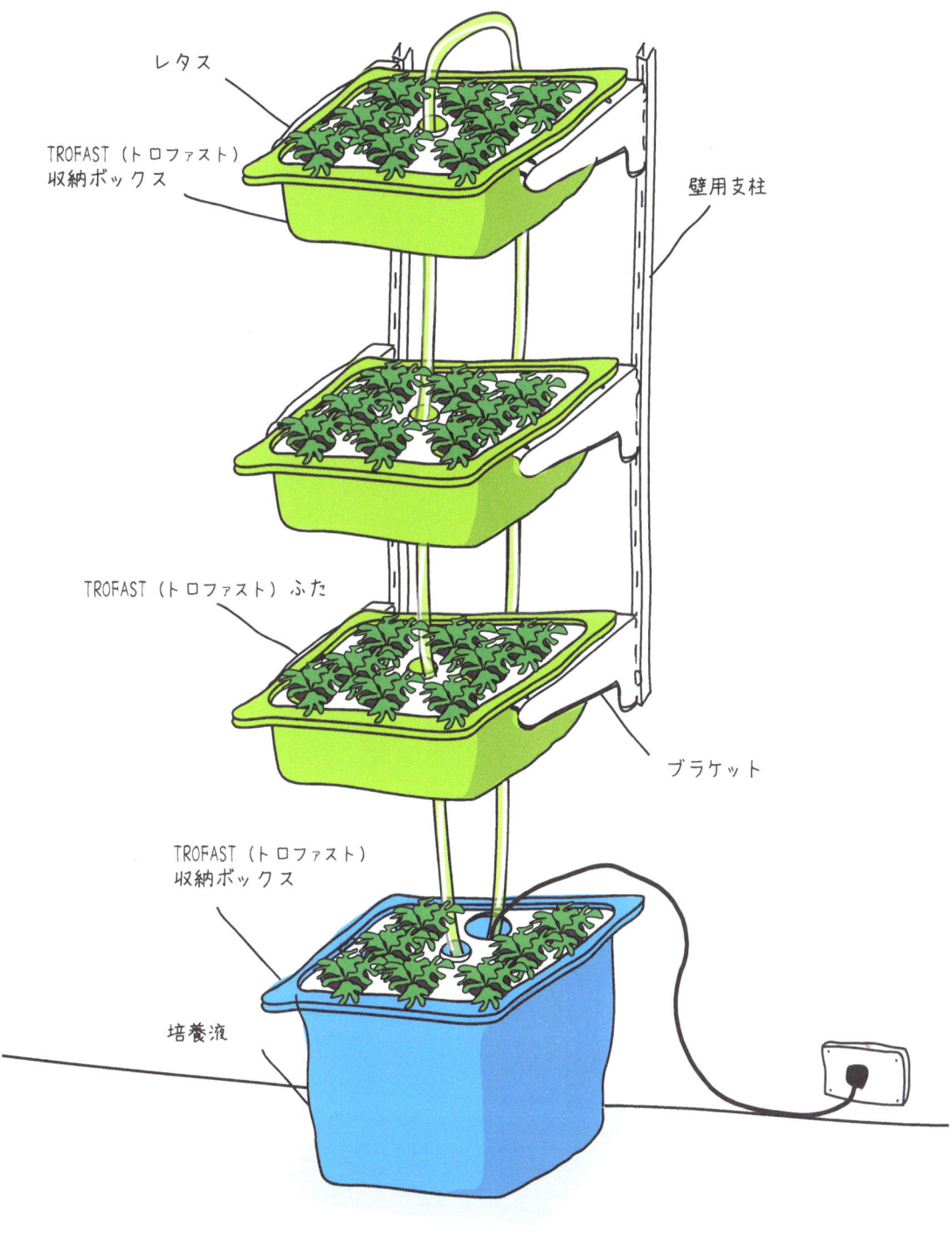

エリオ #30 必要なもの

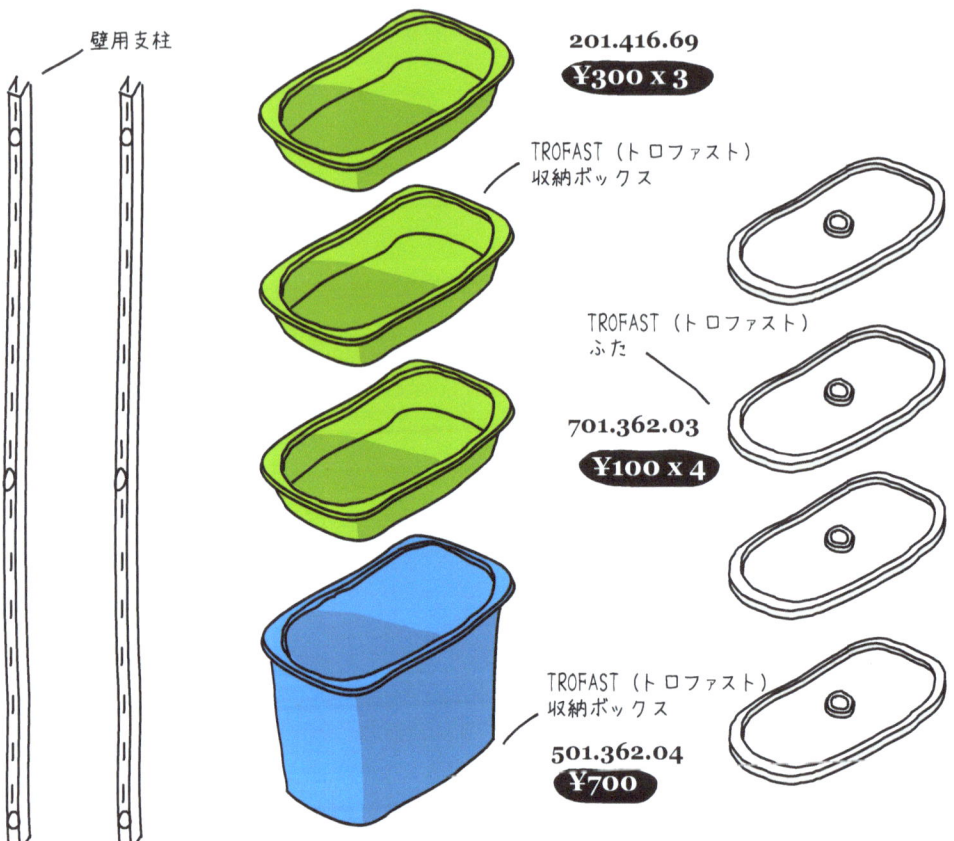

訳者注：イケアのアントーニウスシリーズ壁用支柱とブラケットは、現在販売終了となっており、イケアストアではアルゴートという商品が出ています。ですが、ブラケットに結束バンドを通す穴がないので、ホームセンター等で類似品を探す、又はドリルで穴をあけるなど、工夫して下さい。

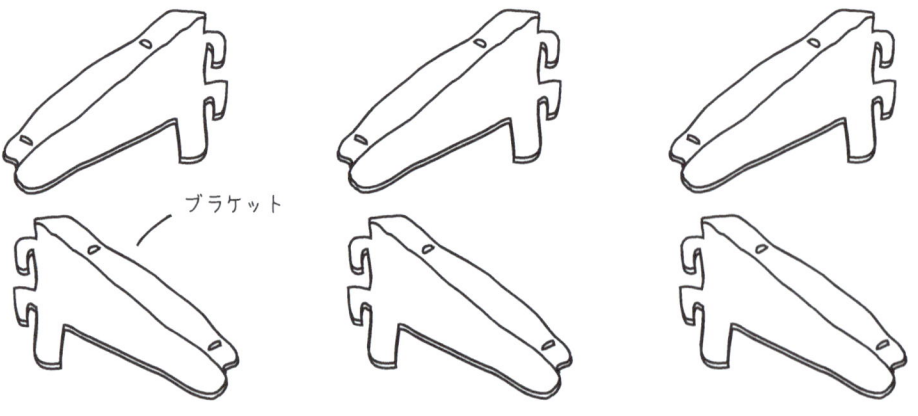

園芸店から

ネットポット　直径5センチ

培地

ハイドロボール

その他の材料

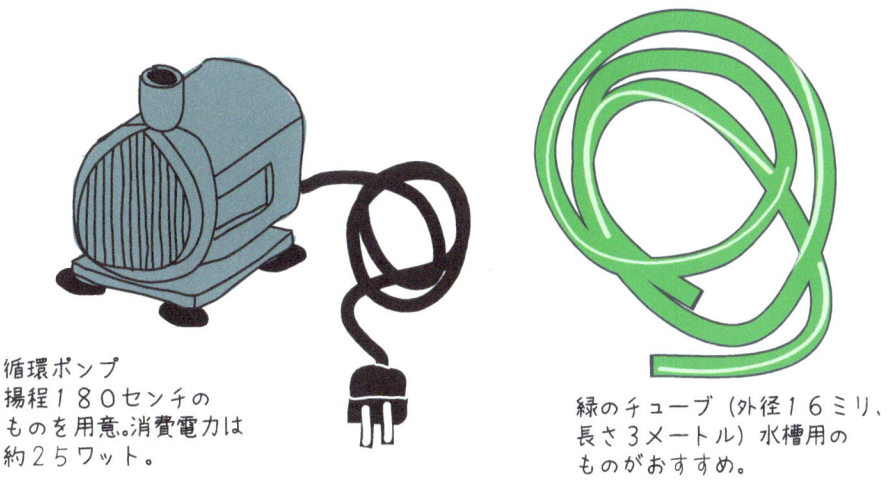

循環ポンプ
揚程180センチの
ものを用意。消費電力は
約25ワット。

緑のチューブ（外径16ミリ、
長さ3メートル）水槽用の
ものがおすすめ。

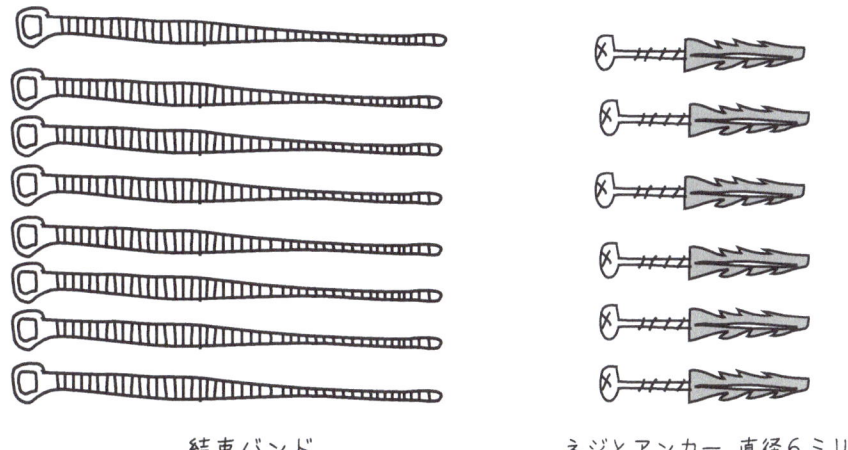

結束バンド

ネジとアンカー 直径6ミリ

工具類

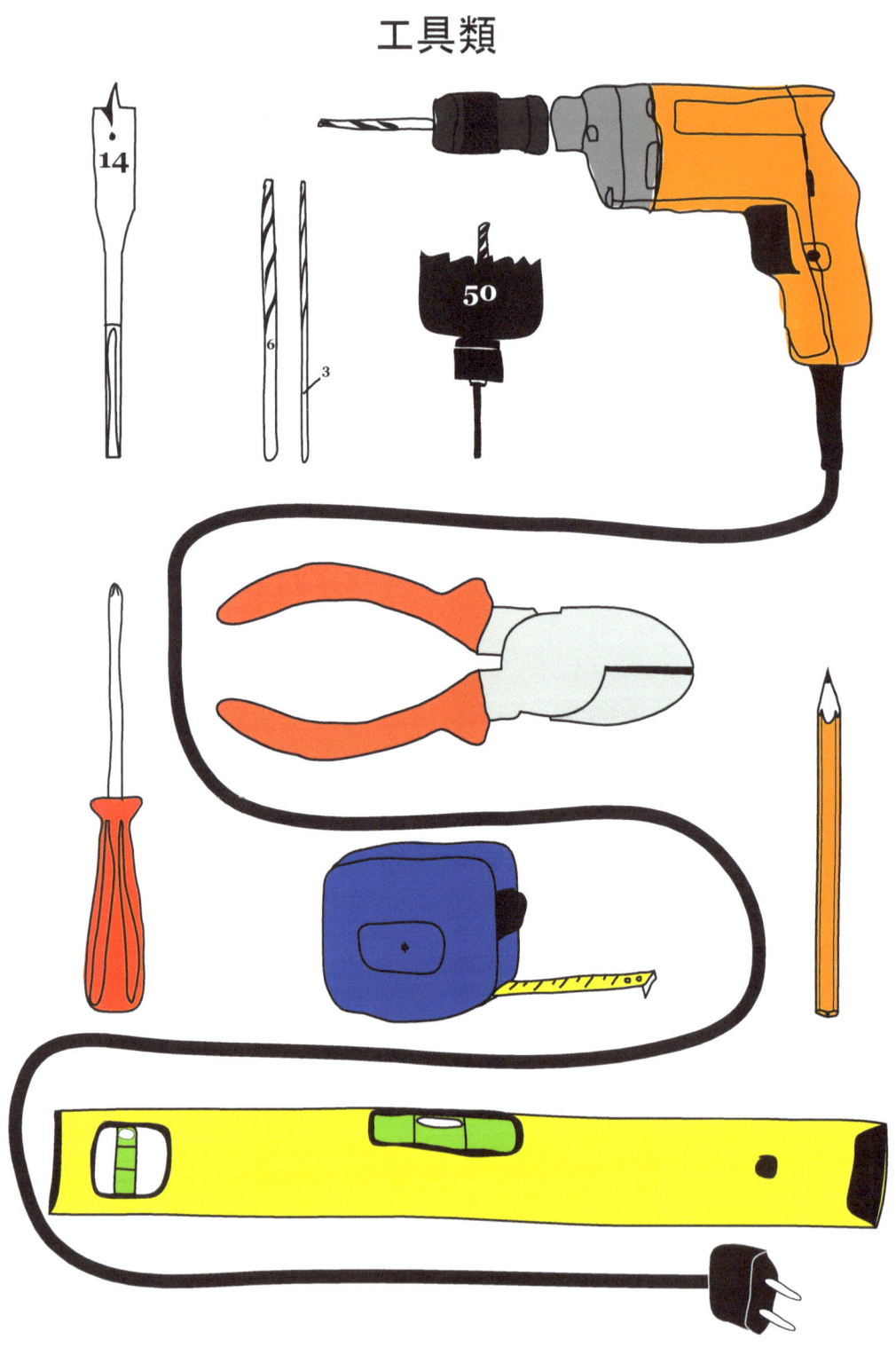

1 印付け

42

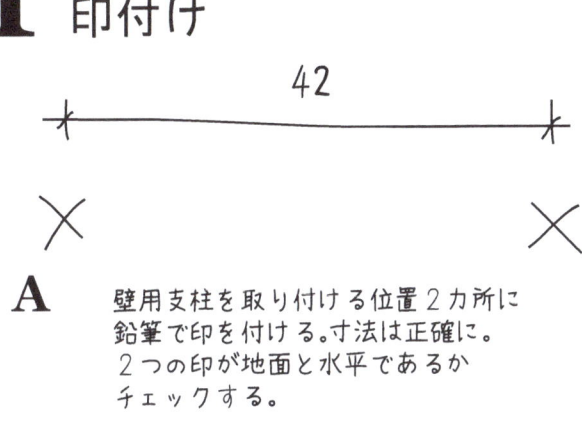

A 壁用支柱を取り付ける位置2カ所に鉛筆で印を付ける。寸法は正確に。2つの印が地面と水平であるかチェックする。

壁

164

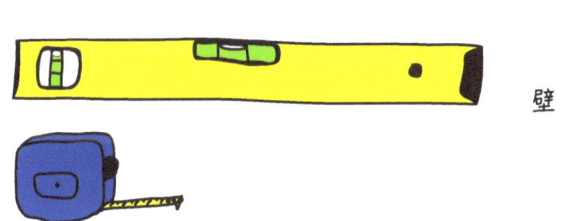

B 印を付けた所にドリルで6ミリの下穴をあける。下穴に6ミリのアンカーを差し込む。

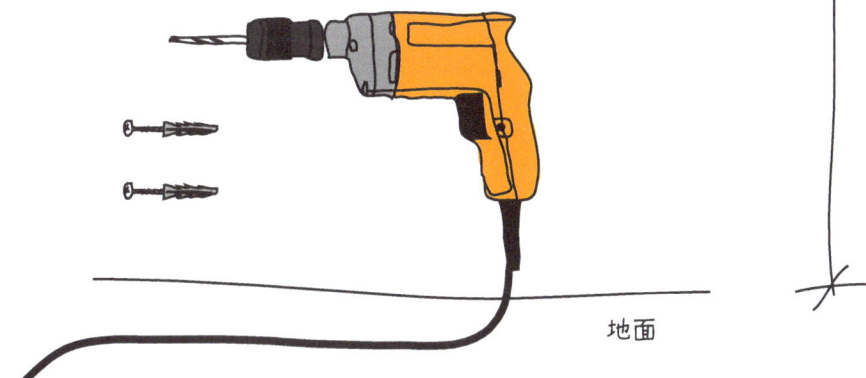

地面

2 支柱の設置

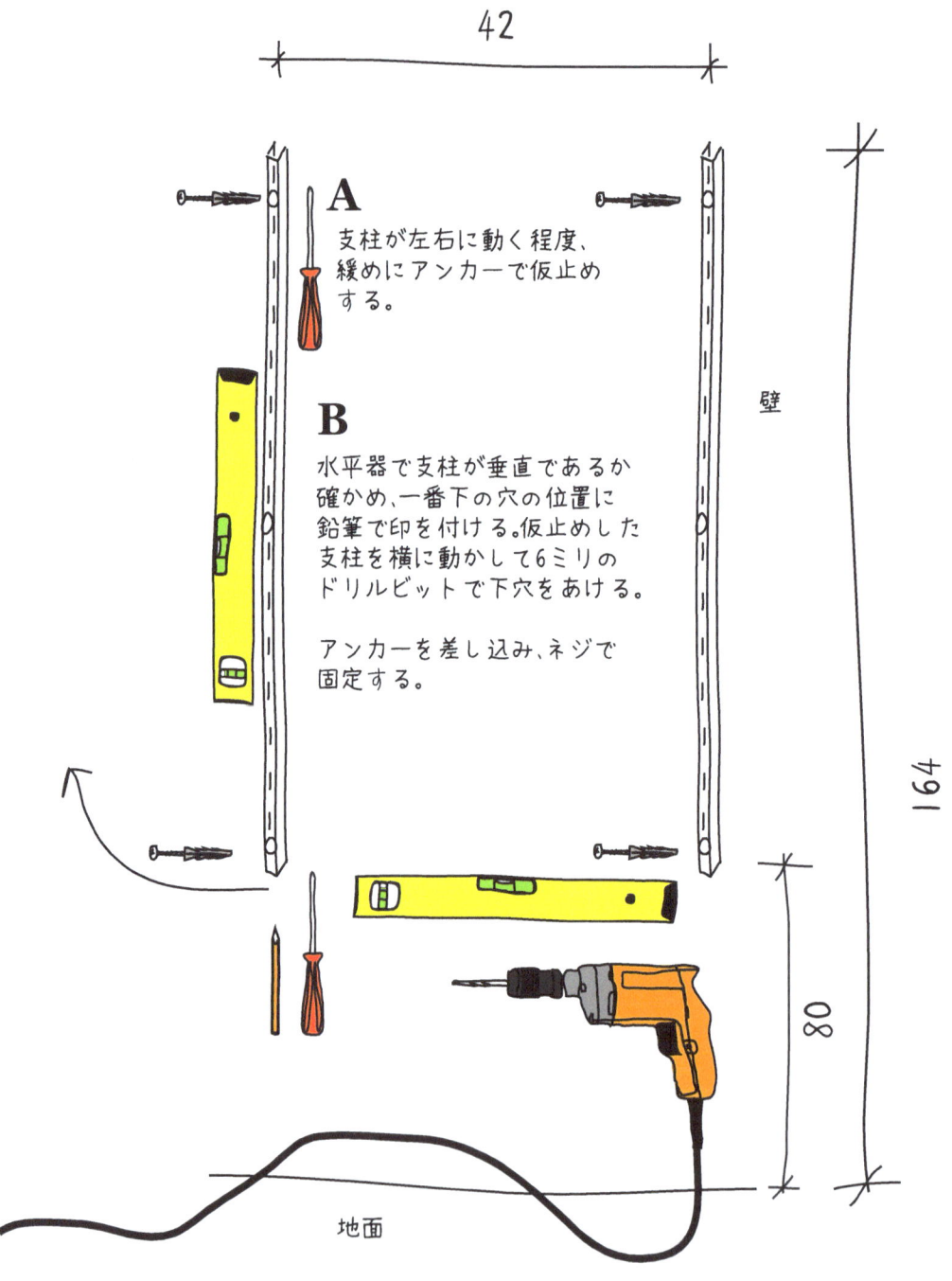

A
支柱が左右に動く程度、緩めにアンカーで仮止めする。

B
水平器で支柱が垂直であるか確かめ、一番下の穴の位置に鉛筆で印を付ける。仮止めした支柱を横に動かして6ミリのドリルビットで下穴をあける。

アンカーを差し込み、ネジで固定する。

3 ブラケットの取り付け

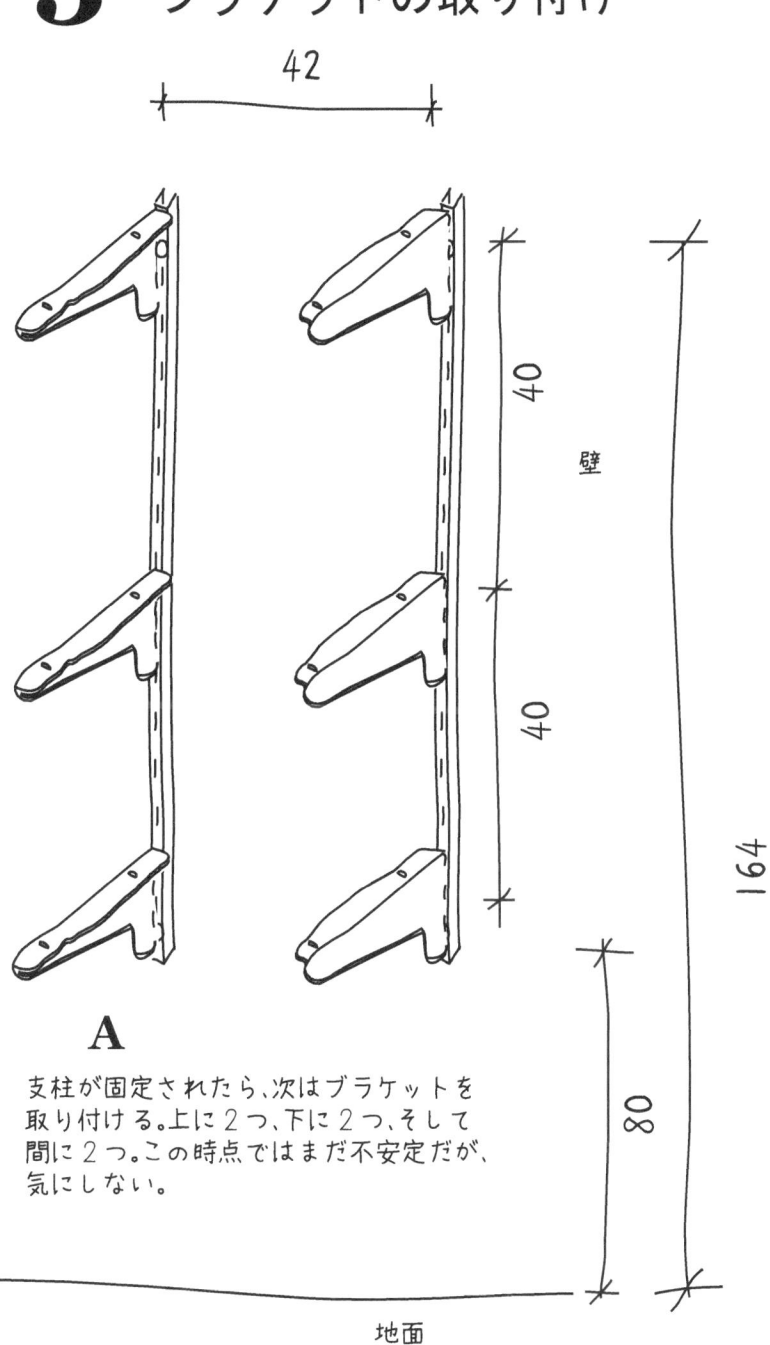

A
支柱が固定されたら、次はブラケットを取り付ける。上に2つ、下に2つ、そして間に2つ。この時点ではまだ不安定だが、気にしない。

4 プランターの作り方

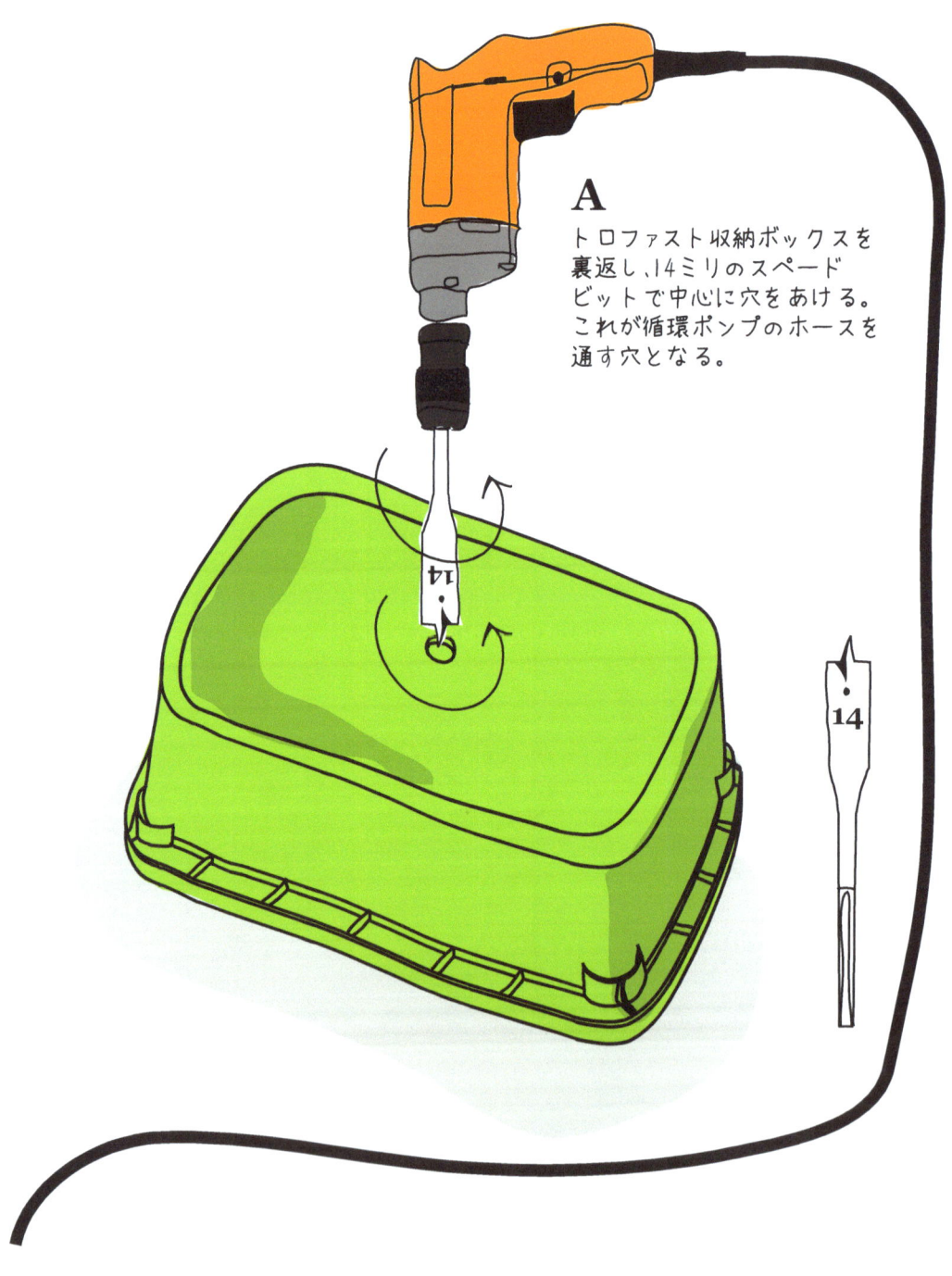

A
トロファスト収納ボックスを裏返し、14ミリのスペードビットで中心に穴をあける。これが循環ポンプのホースを通す穴となる。

B

トロファストのふたに8カ所
印を付ける（イラスト参照）

C

50ミリのホールソーで、
ネットポット用の穴をあける。
他のふたも同様に穴をあける。

この例ではプランターを4つ使用
しているが、それ以上取り付ける
ことも可能。

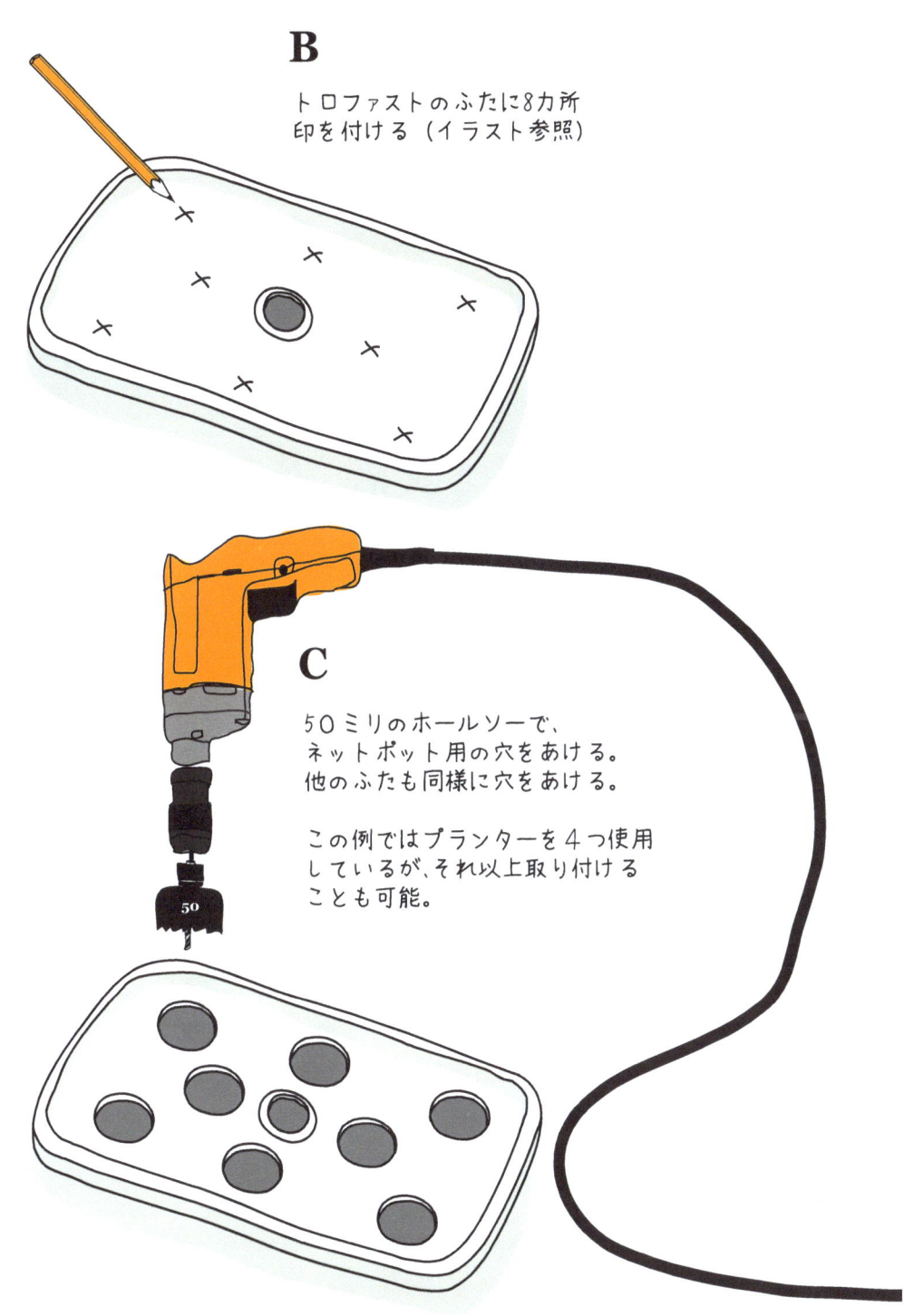

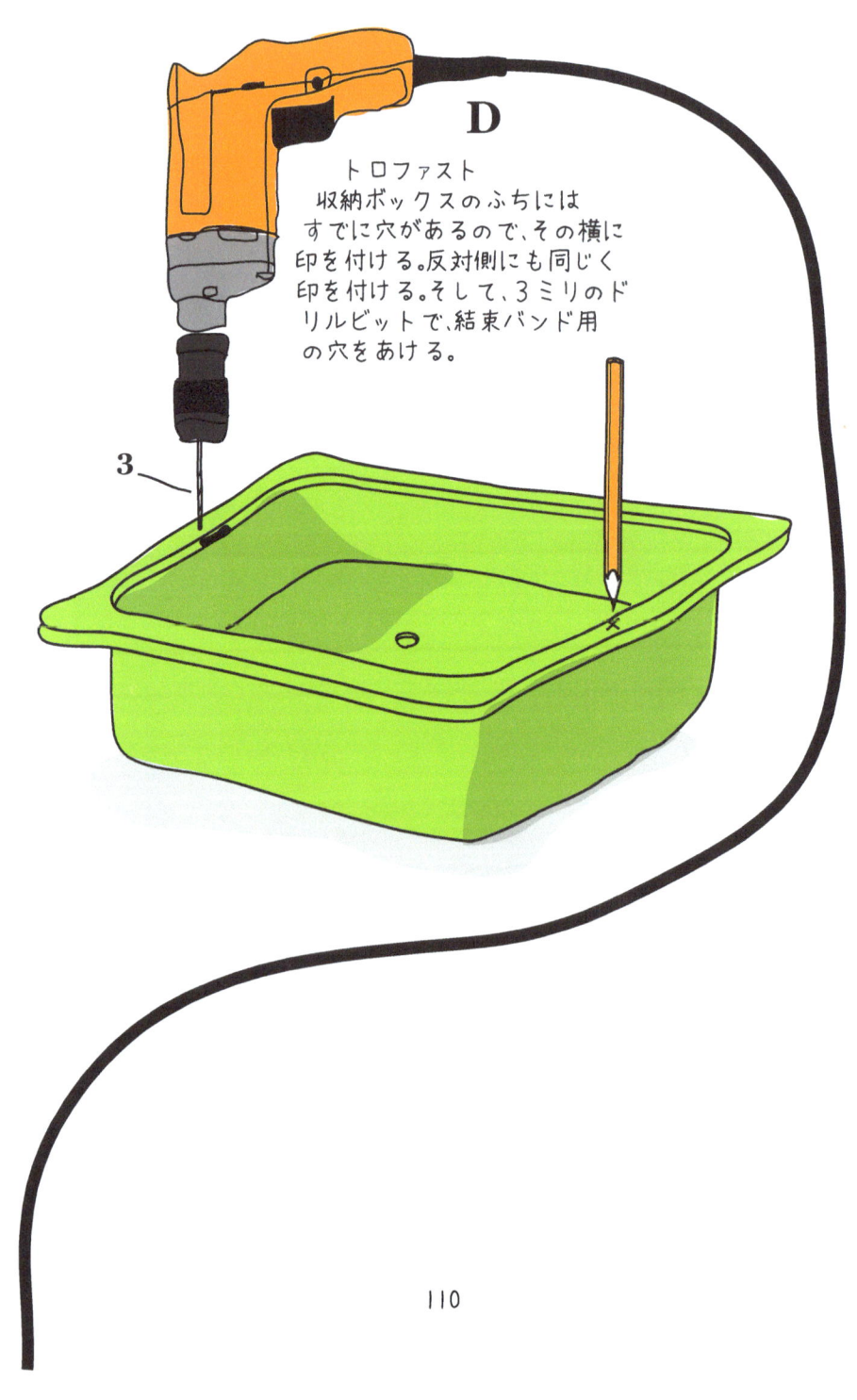

D

トロファスト
収納ボックスのふちには
すでに穴があるので、その横に
印を付ける。反対側にも同じく
印を付ける。そして、3ミリのド
リルビットで、結束バンド用
の穴をあける。

トロファスト収納ボックス

穴 直径14ミリ

チューブ
外径16ミリ

E
チューブを穴に押し込む。穴の直径とチューブの外径に差があるため、チューブ周りからは水漏れしない。食器用洗剤を塗るとすべりやすくなる。少々面倒だが、他3つのプランターも同様に。

収納ボックスの内側から、チューブを2-3センチほど引き出す。この部分で水位がコントロールされる。水の流れは、ほんの少しで十分。

5 プランターの設置

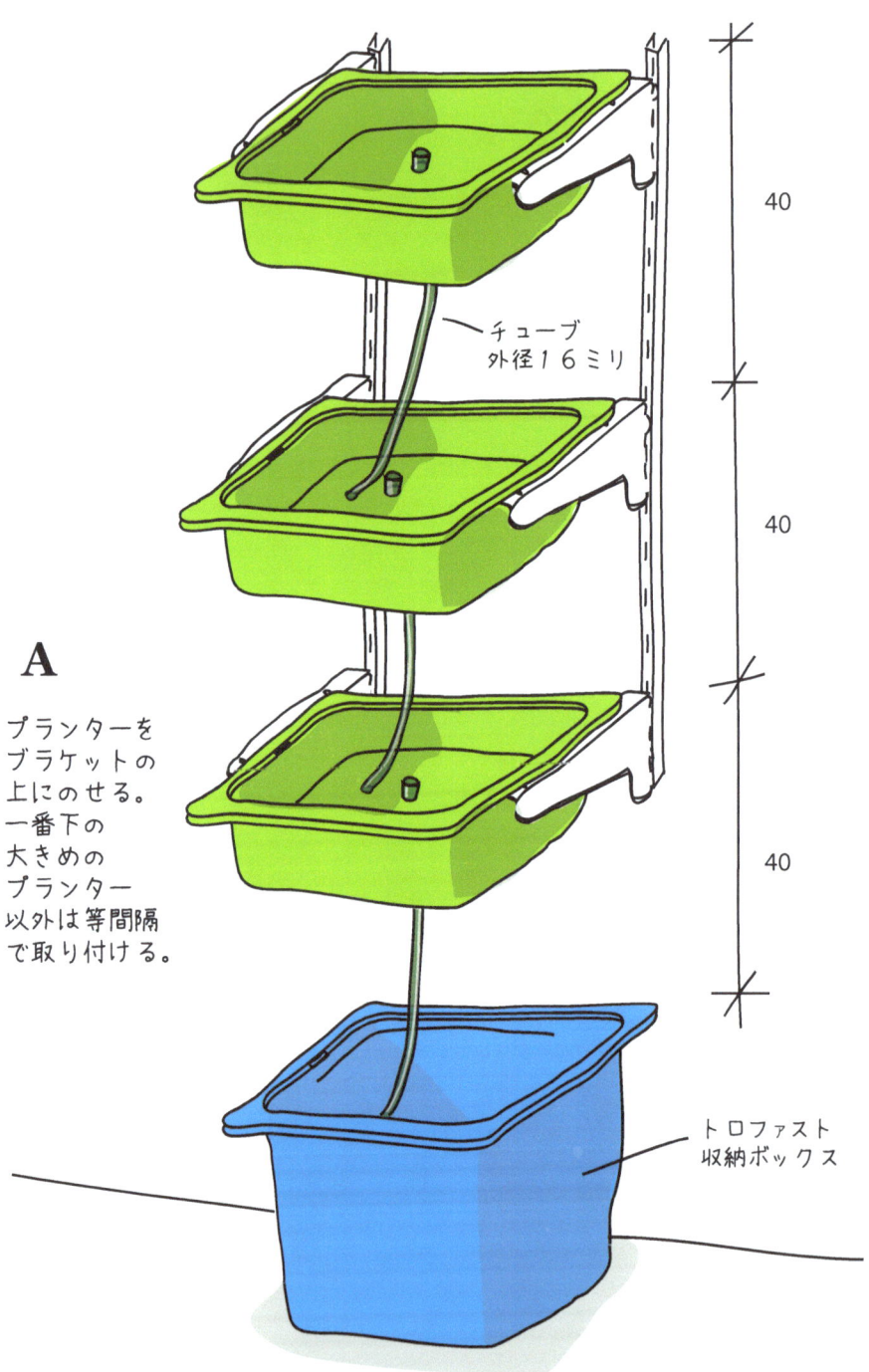

チューブ
外径１６ミリ

40

40

40

A

プランターを
ブラケットの
上にのせる。
一番下の
大きめの
プランター
以外は等間隔
で取り付ける。

トロファスト
収納ボックス

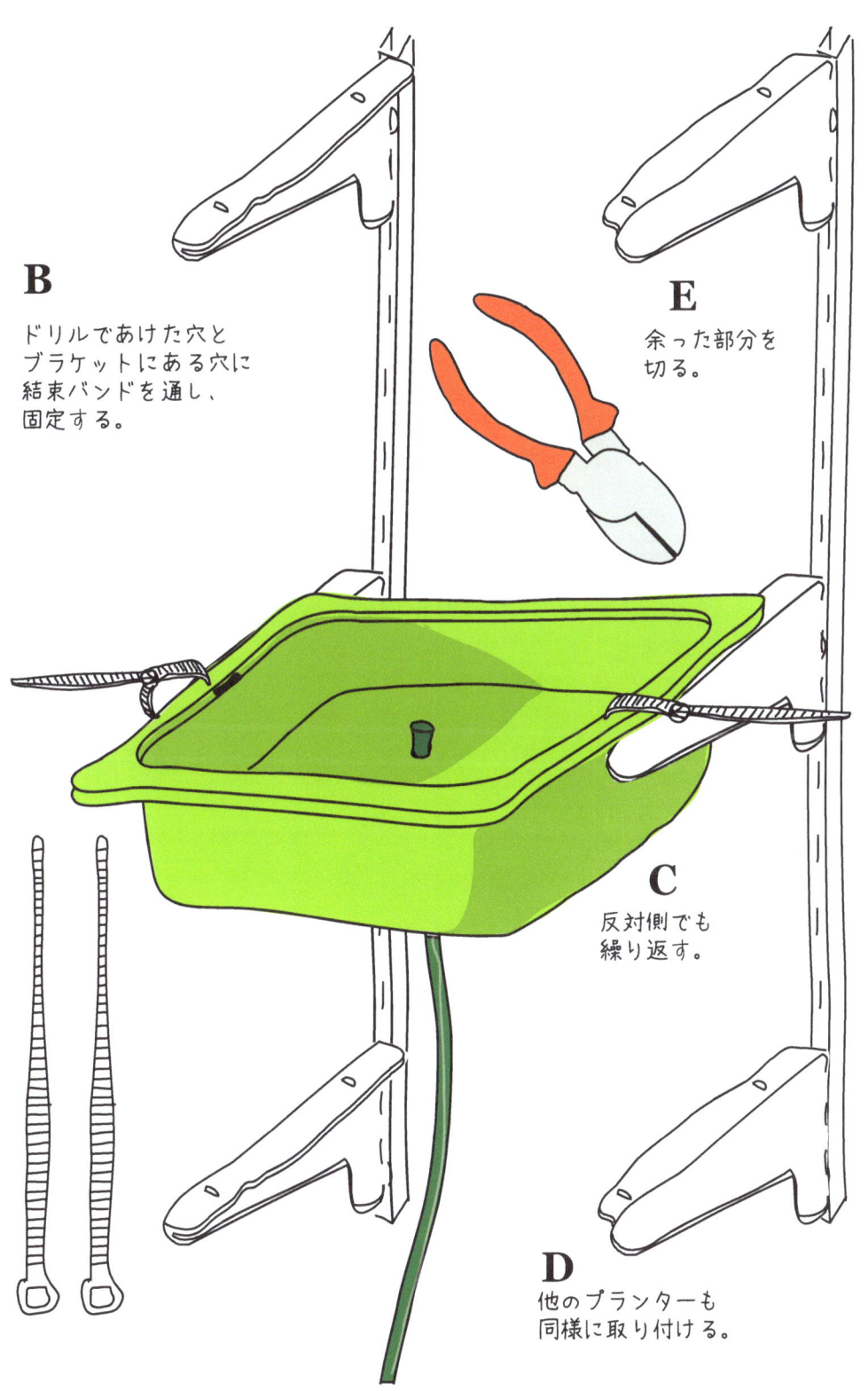

B ドリルであけた穴とブラケットにある穴に結束バンドを通し、固定する。

E 余った部分を切る。

C 反対側でも繰り返す。

D 他のプランターも同様に取り付ける。

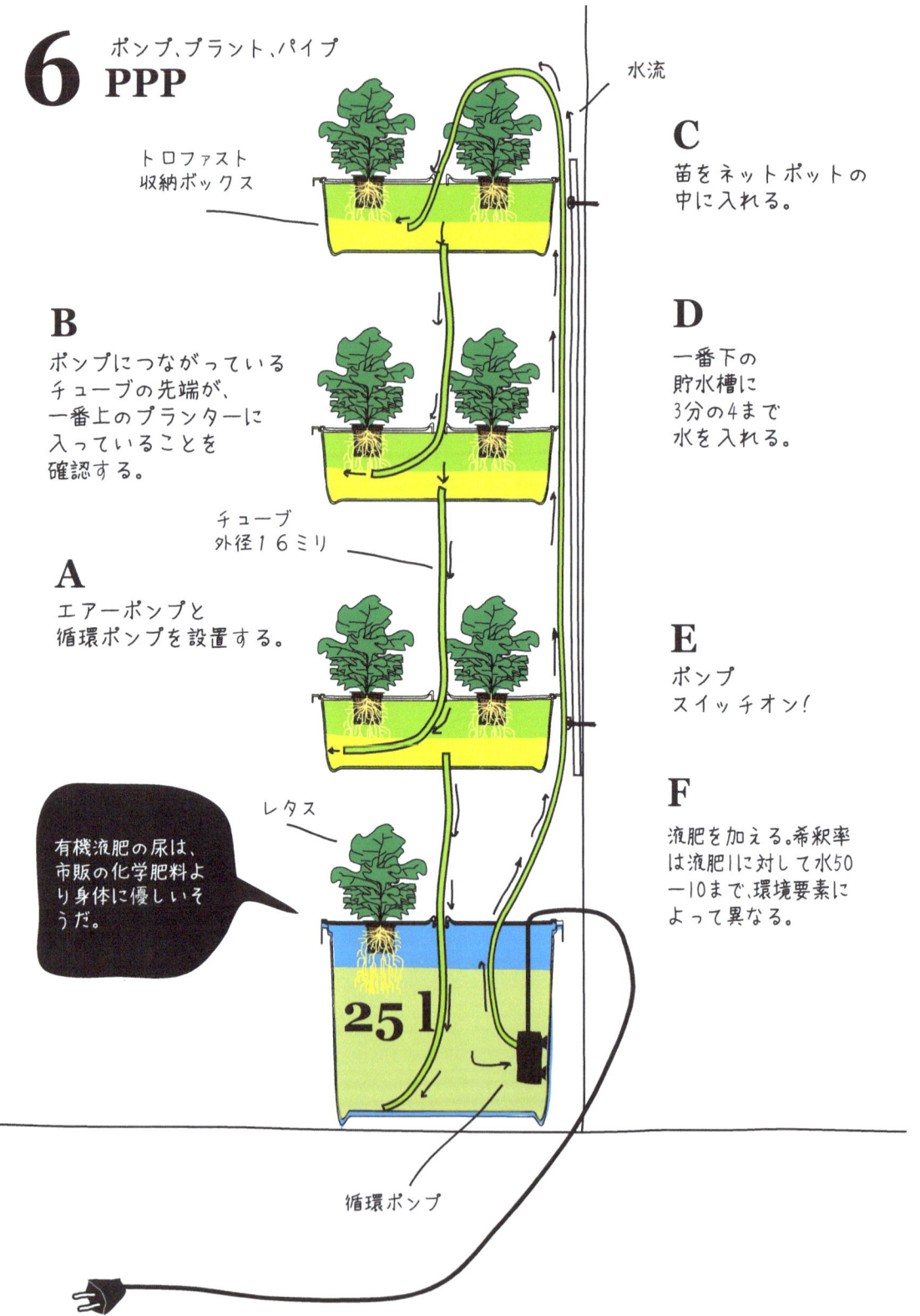

7 ネットポットの取り付け

ふたの穴にチューブを通す。収穫時や掃除をする時は簡単に取り出すことができる。

この時点でプランターにネットポットを入れることができる。根が水の方向に伸びていくので、ポットは水に直接触れなくても大丈夫。

チューブとポンプのコードは貯水槽のふたーの穴に通せば、すっきりする。

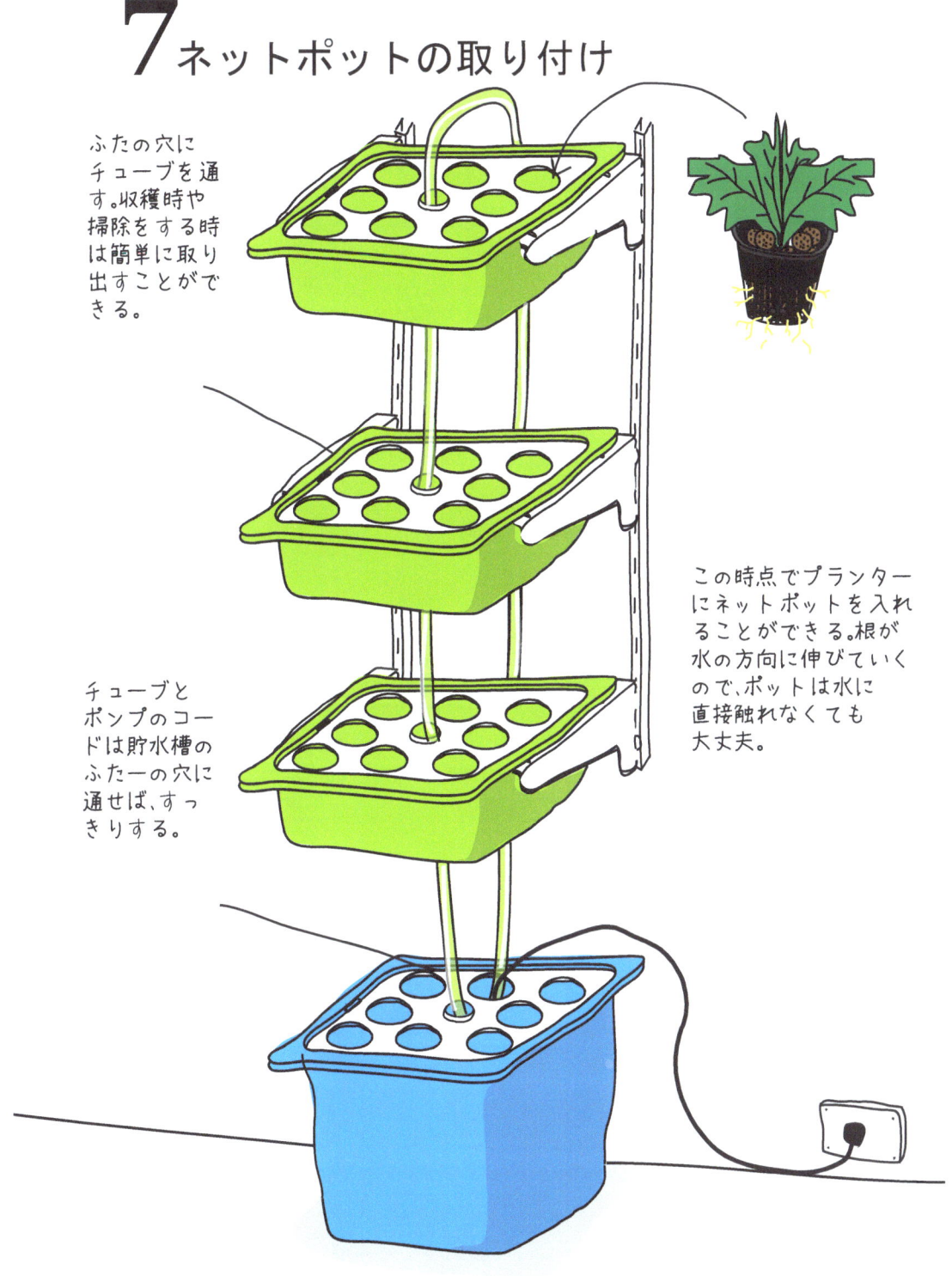

エンジョイ！

エリオ #30 モバイル

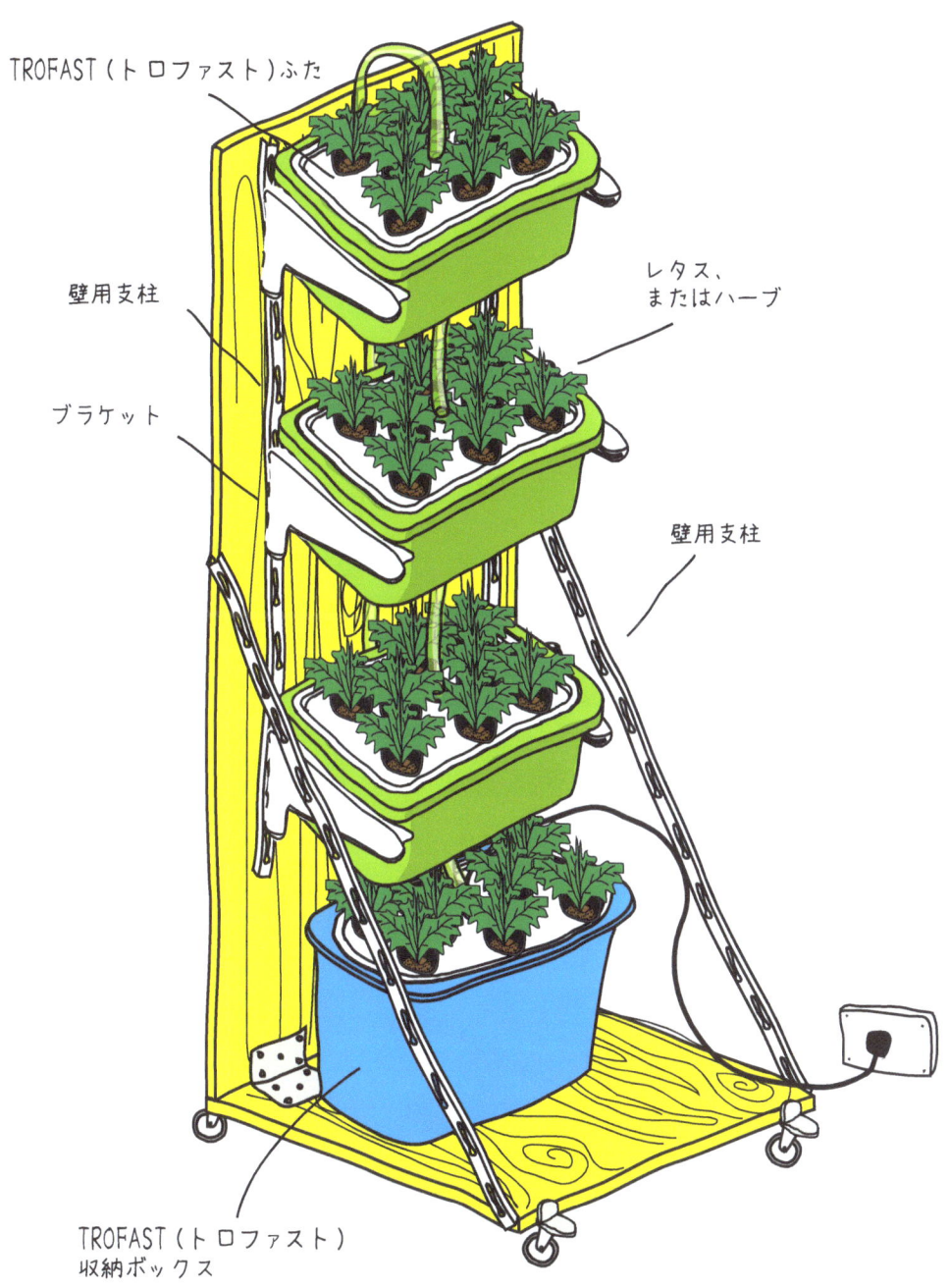

エリオ #30モバイル：必要なもの
イケアストアから

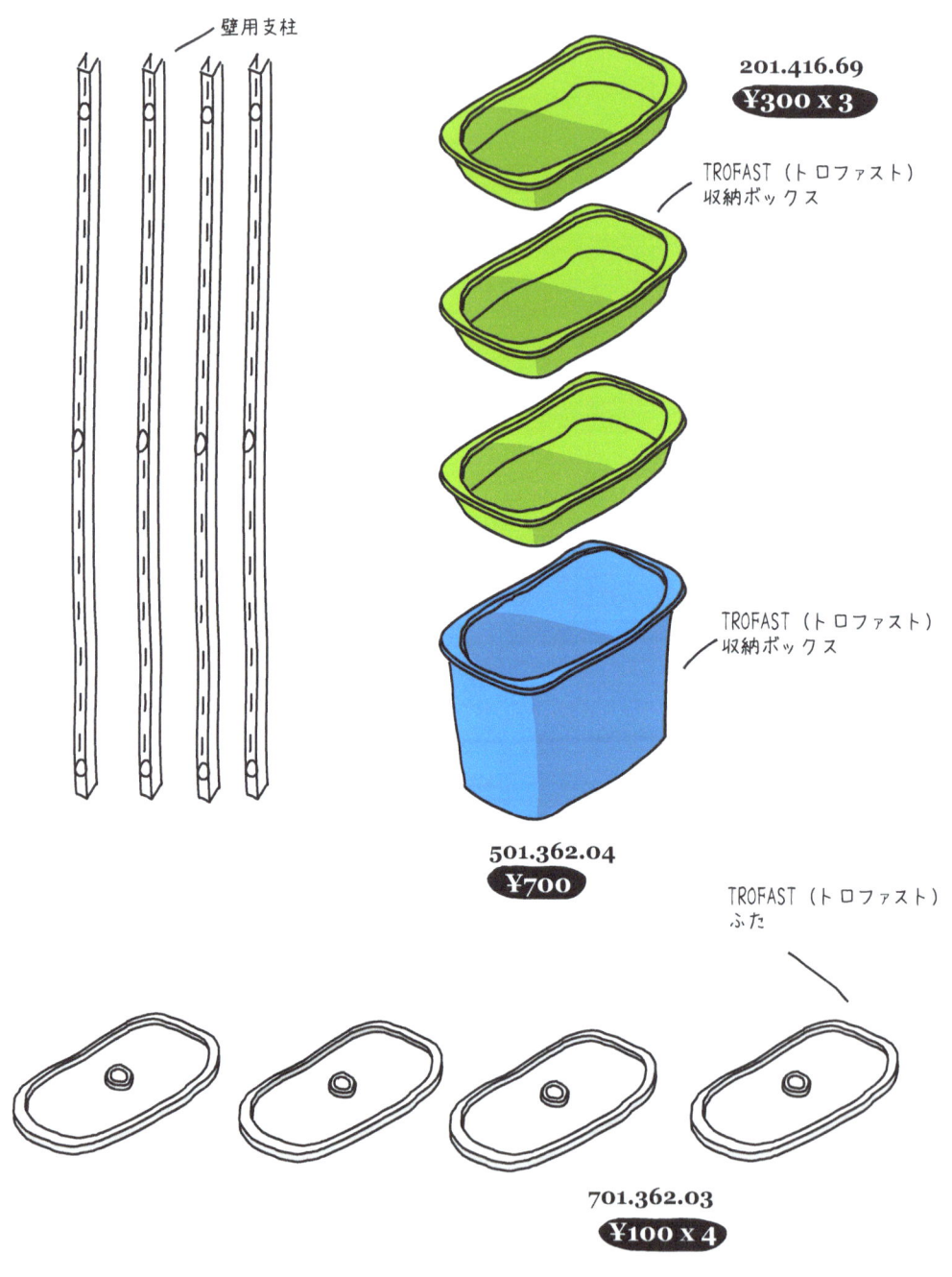

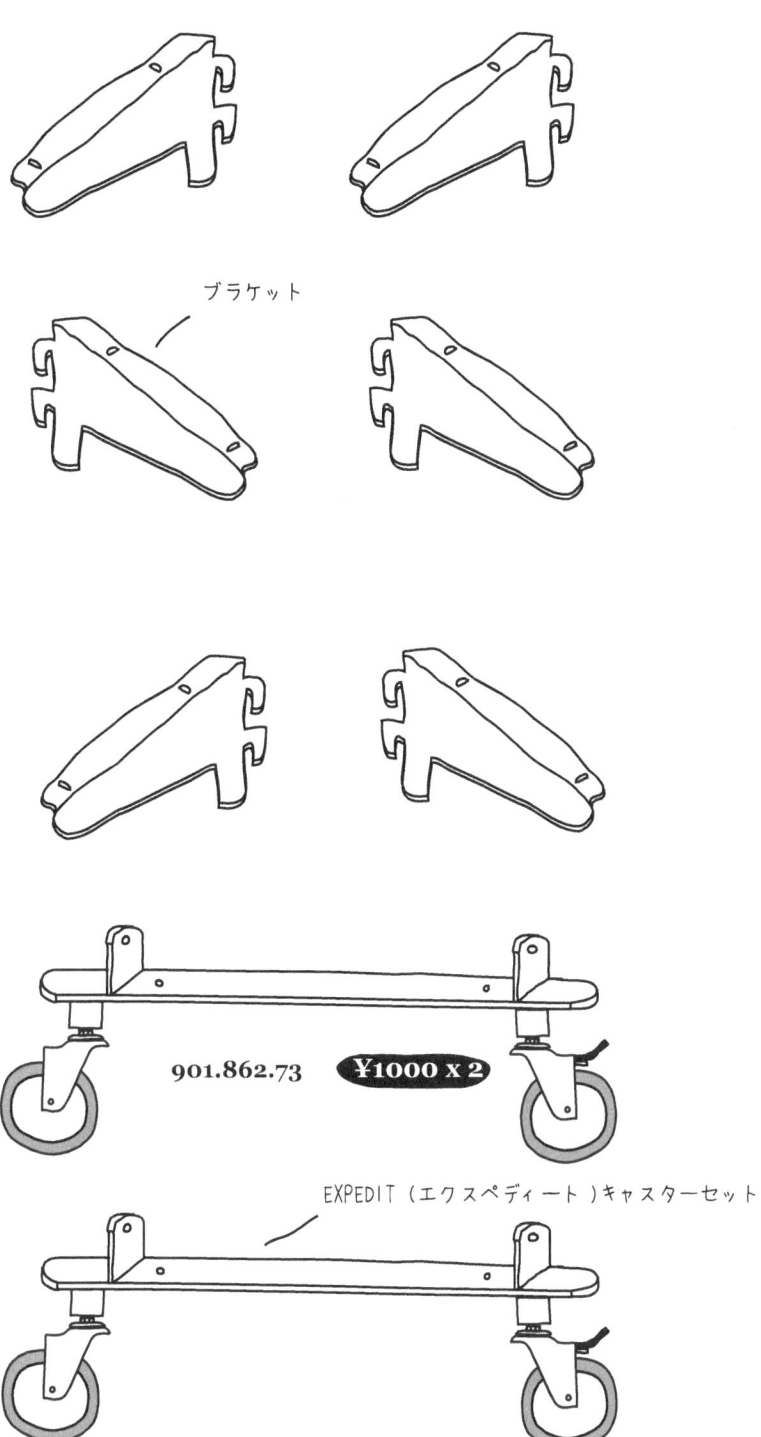

ブラケット

901.862.73 ¥1000 x 2

EXPEDIT（エクスペディート）キャスターセット

園芸店から

ネットポット　直径5センチ

培地

ハイドロボール

121

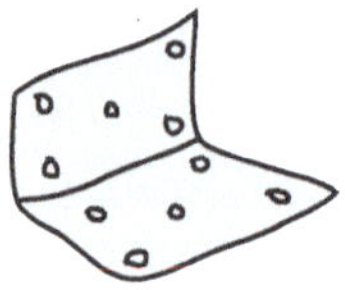

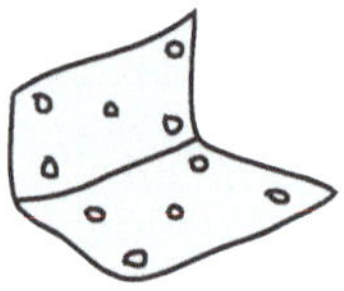

その他の材料

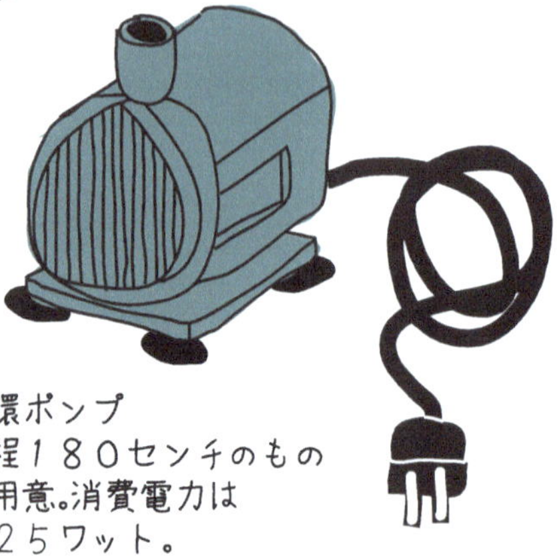

循環ポンプ
揚程180センチのものを用意。消費電力は約25ワット。

緑のチューブ（外径16ミリ、長さ3メートル）水槽用のものがおすすめ。

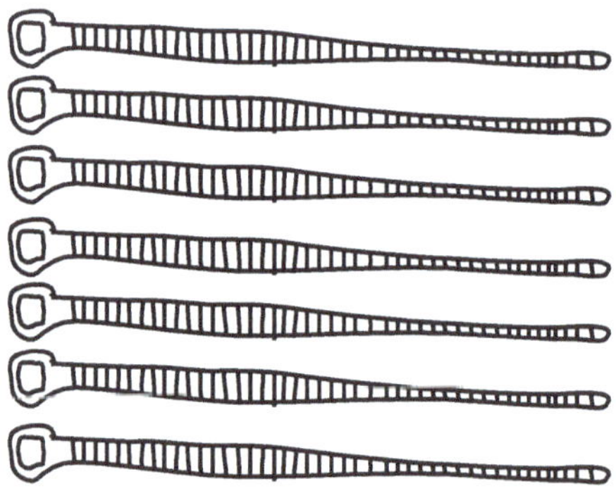

結束バンド

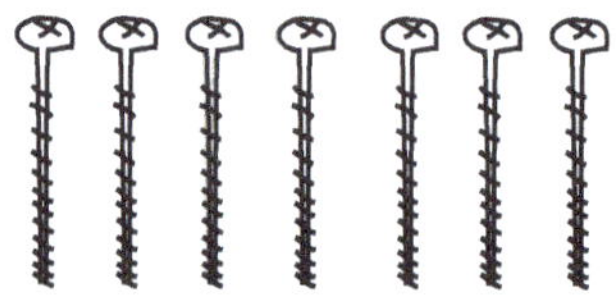

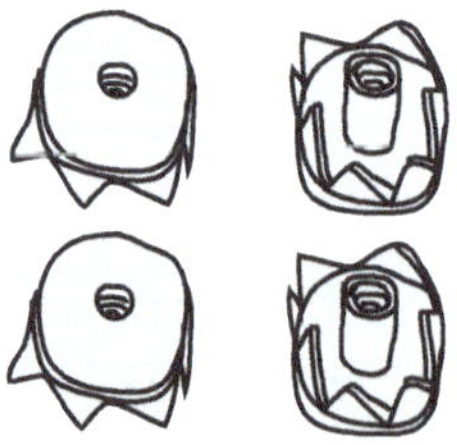

キャスターをボードに取り付けるための金具

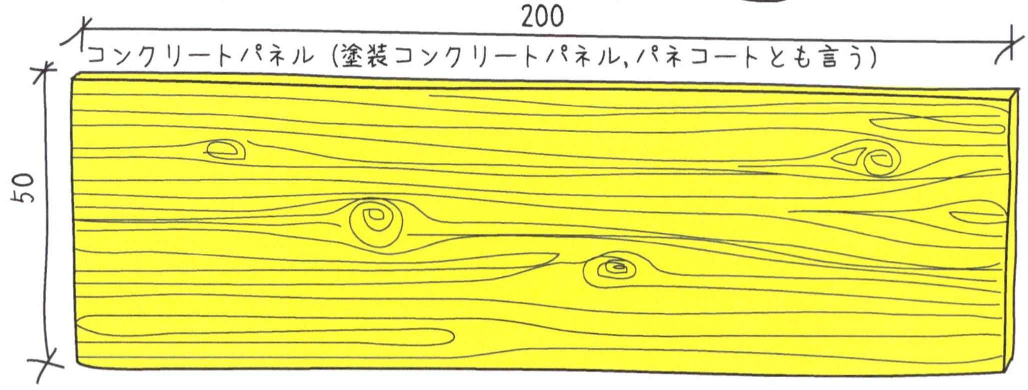

コンクリートパネル（塗装コンクリートパネル、パネコートとも言う）
200
50

太陽光発電の池用ポンプを使えば
オフグリッド（独立電源）システムに。
ポンプは揚程160センチのものを使う。

工具類

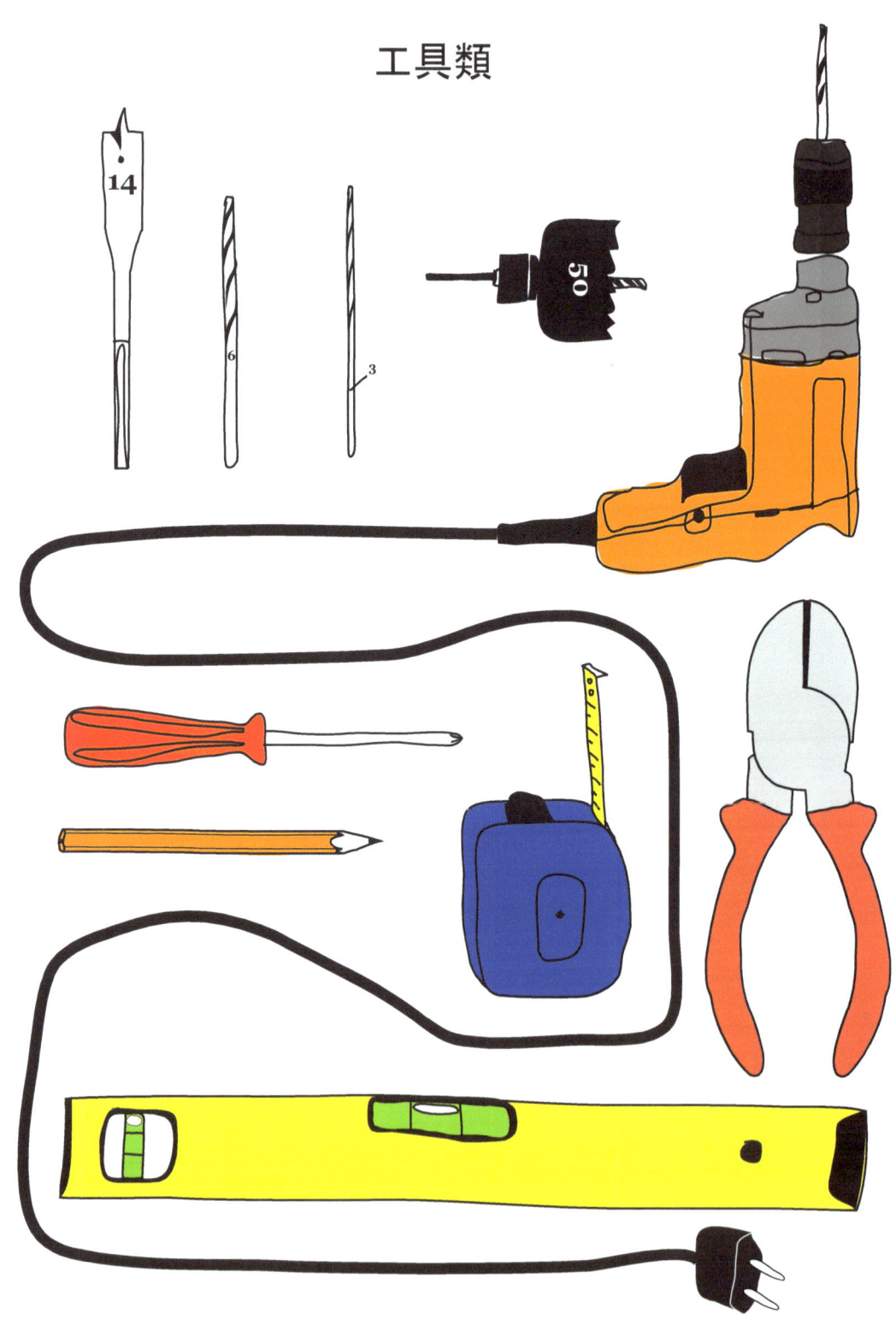

1 エリオ・ボードの作り方

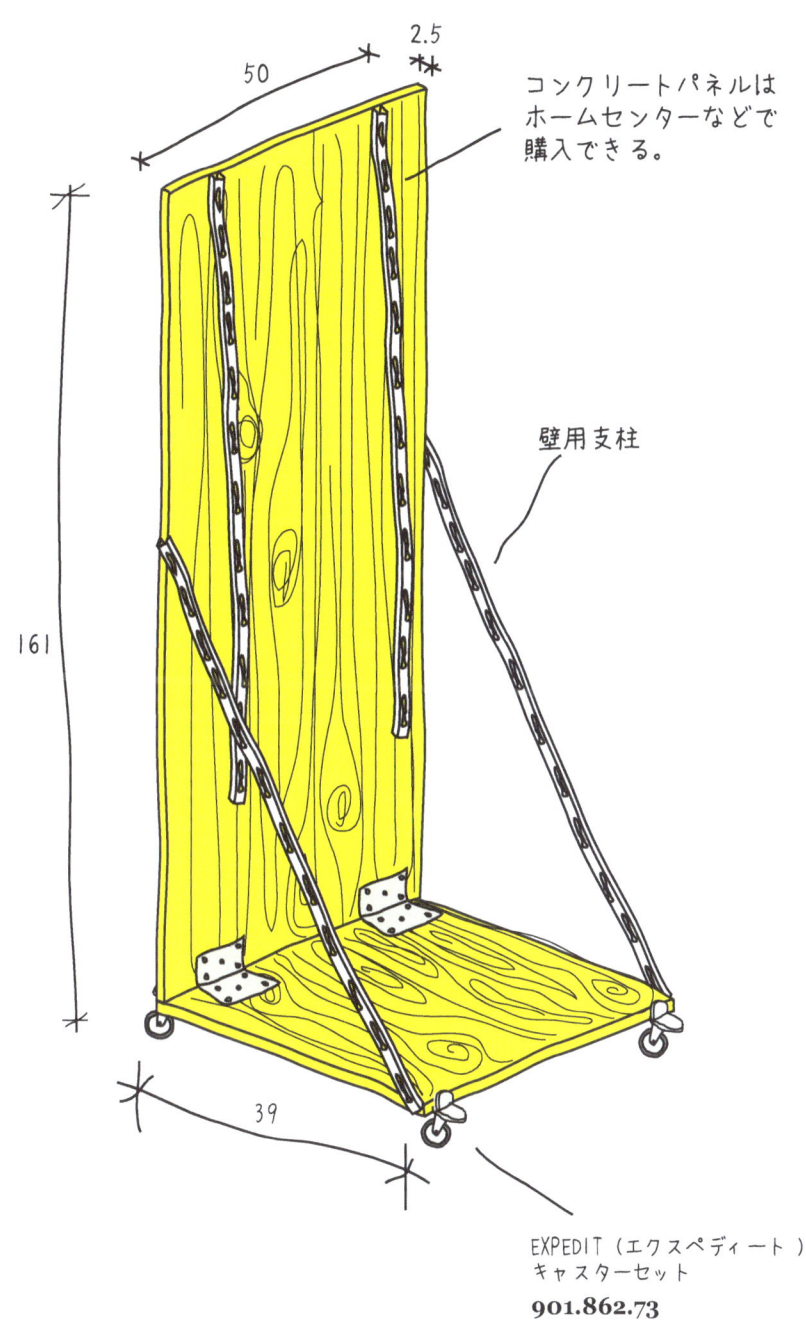

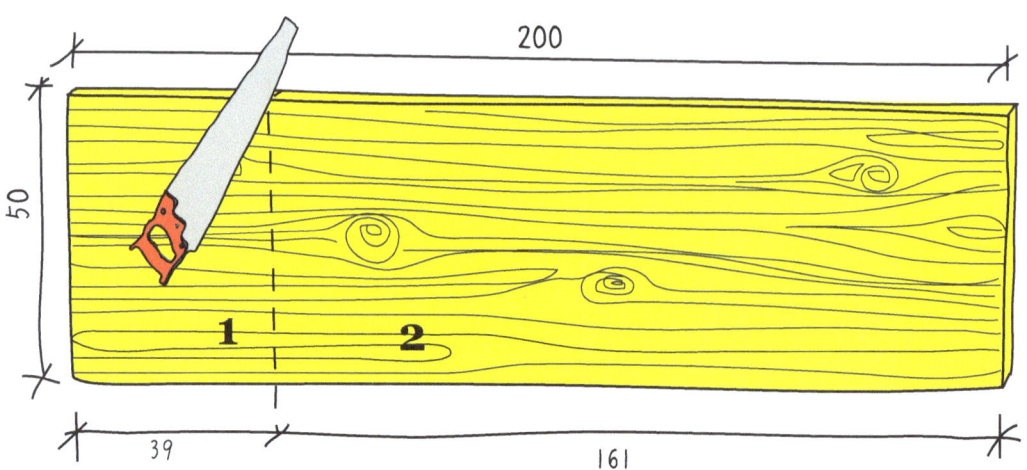

A

コンクリートパネルを購入する。ここでは2メートル×0.5メートルのものを使用。防水加工してあるので、エリオにはぴったりな素材だ。サイズが合わない場合は、ホームセンターの店員に切ってもらえるか聞いてみよう。

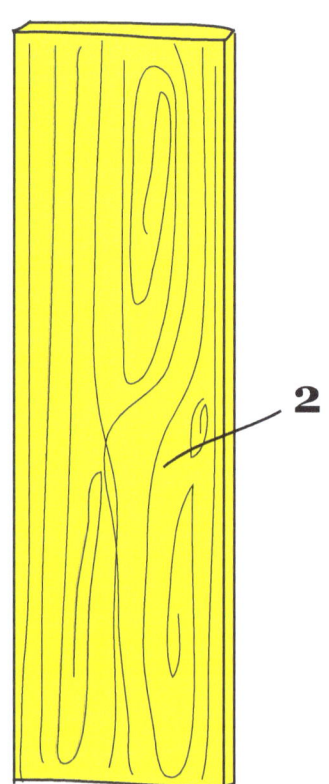

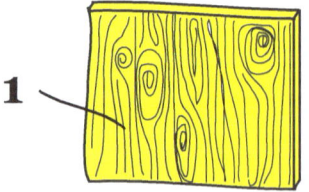

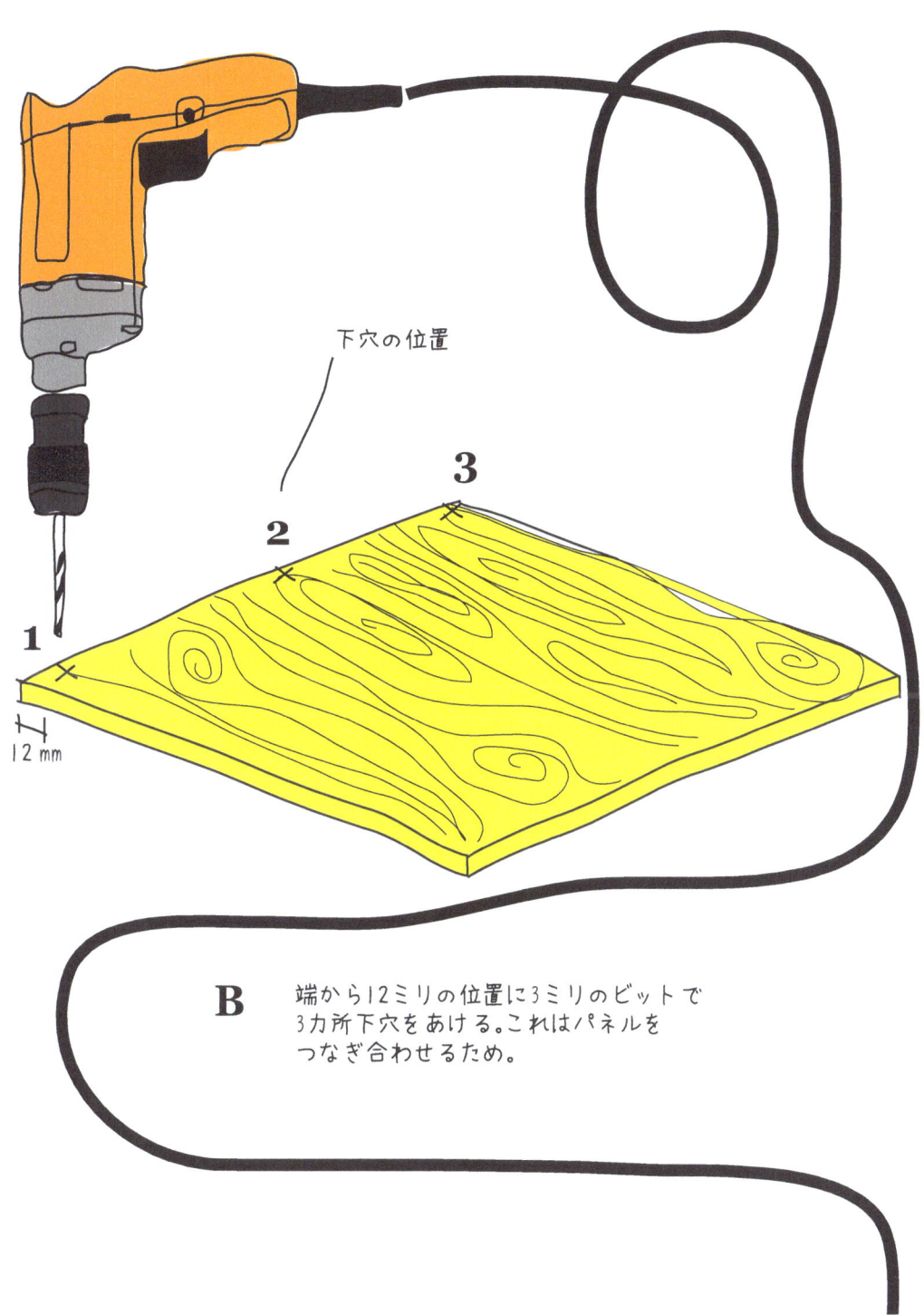

B 端から12ミリの位置に3ミリのビットで3カ所下穴をあける。これはパネルをつなぎ合わせるため。

C1
キャスターを板の上に置く。

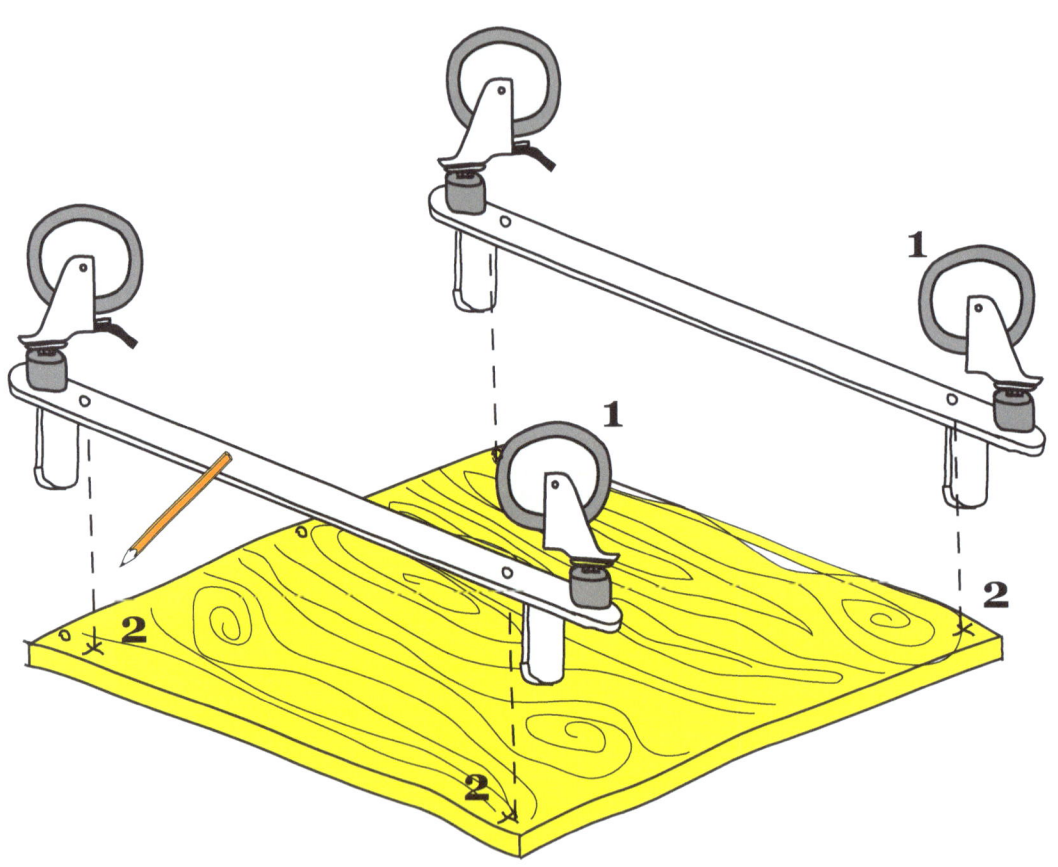

C2
下穴の位置に印を付ける。

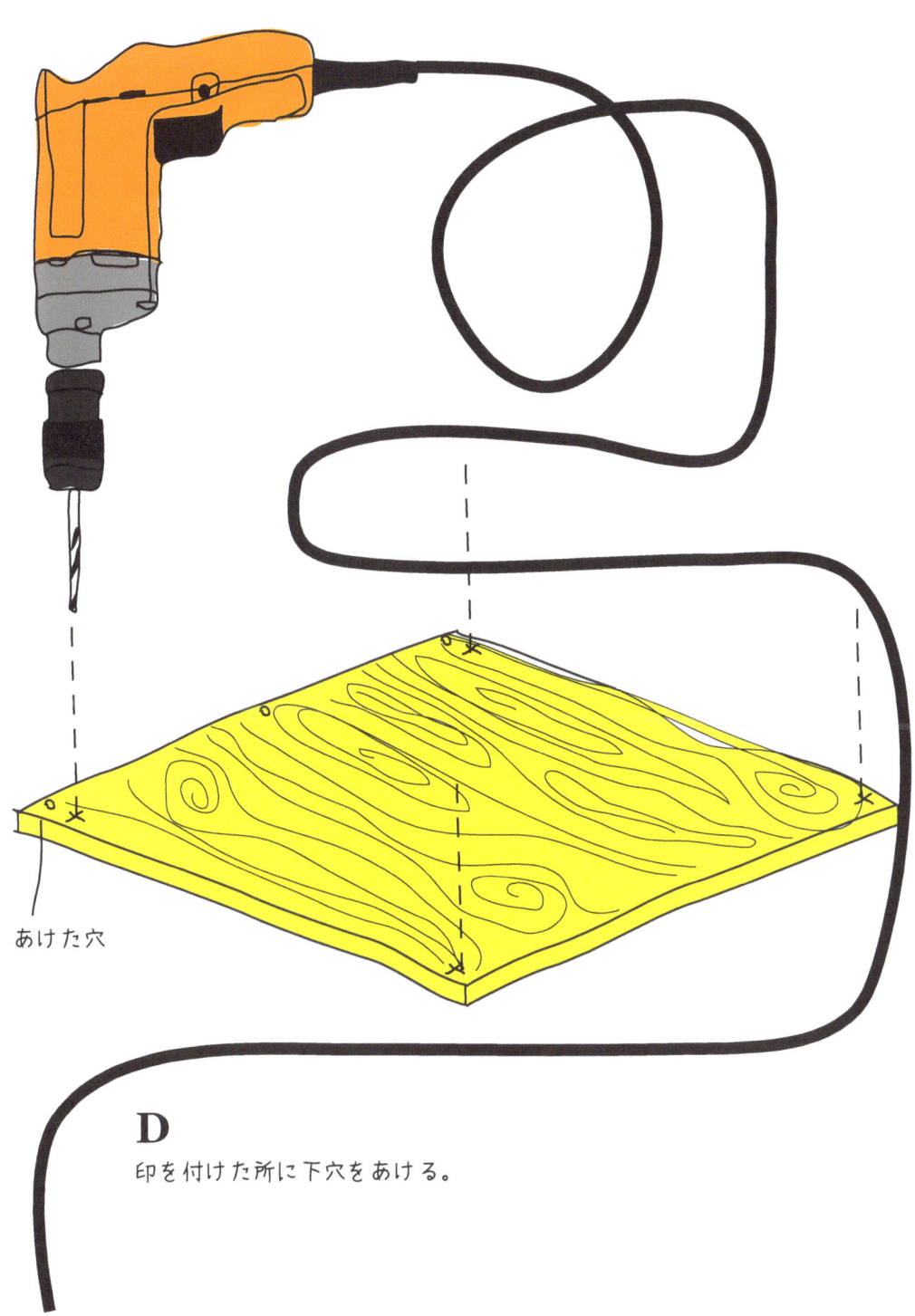

あけた穴

D
印を付けた所に下穴をあける。

E

まず最初に、あけた下穴にネジを差し込み、固定する。

キャスター用の穴

F

次にL型の金具を使って、二つの板を再度固定し、安定性を高める。

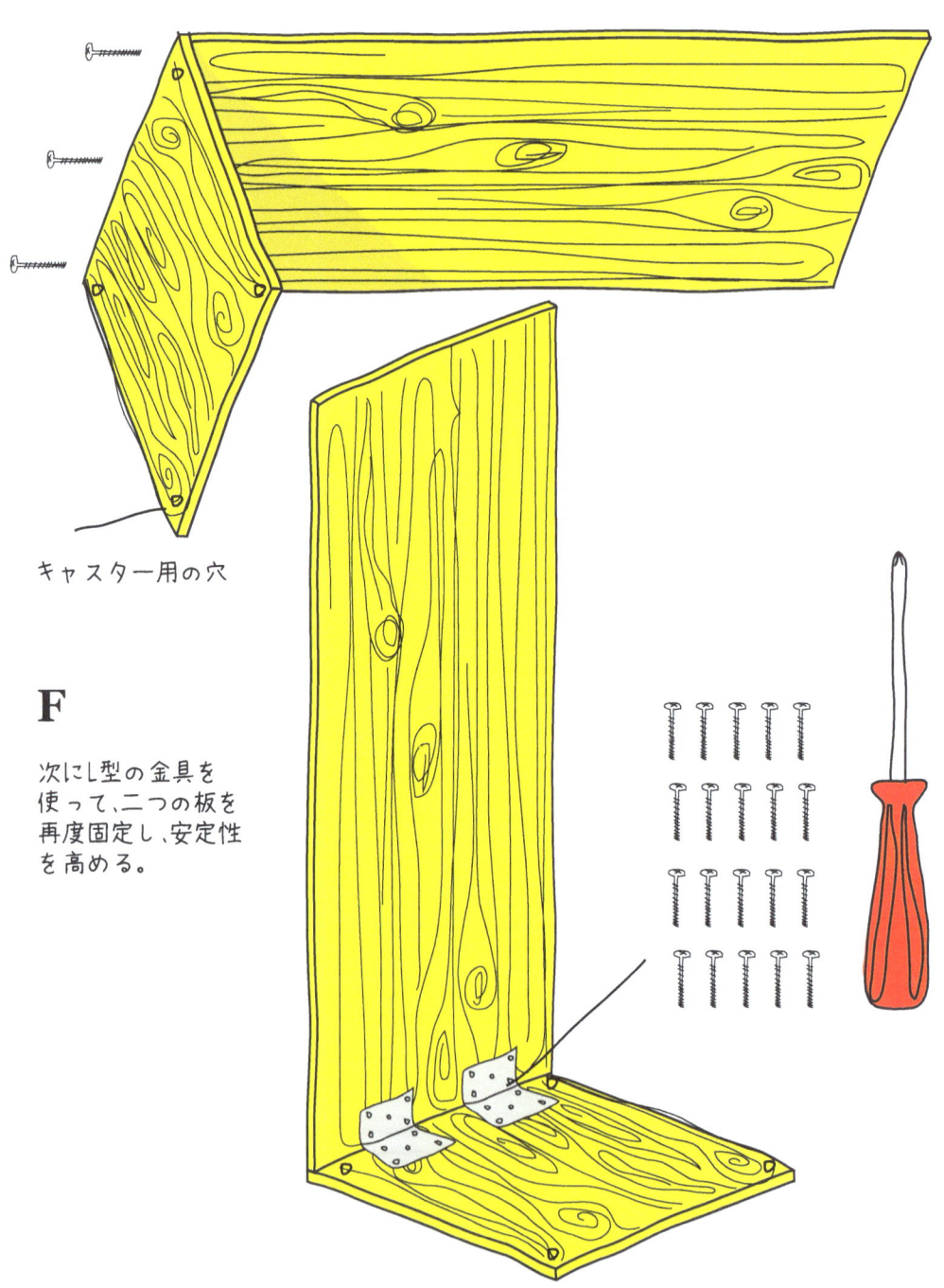

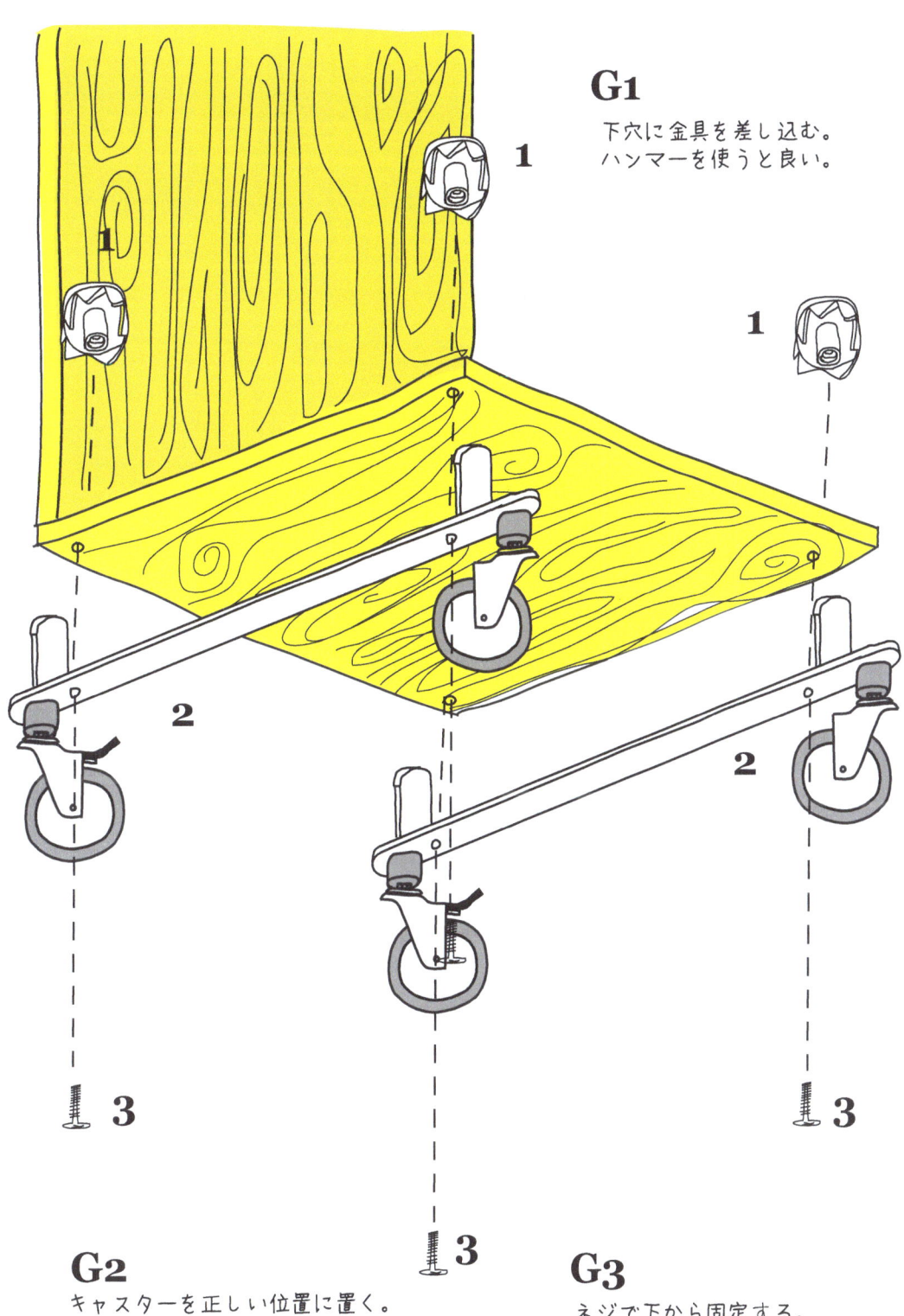

G1
下穴に金具を差し込む。
ハンマーを使うと良い。

G2
キャスターを正しい位置に置く。

G3
ネジで下から固定する。

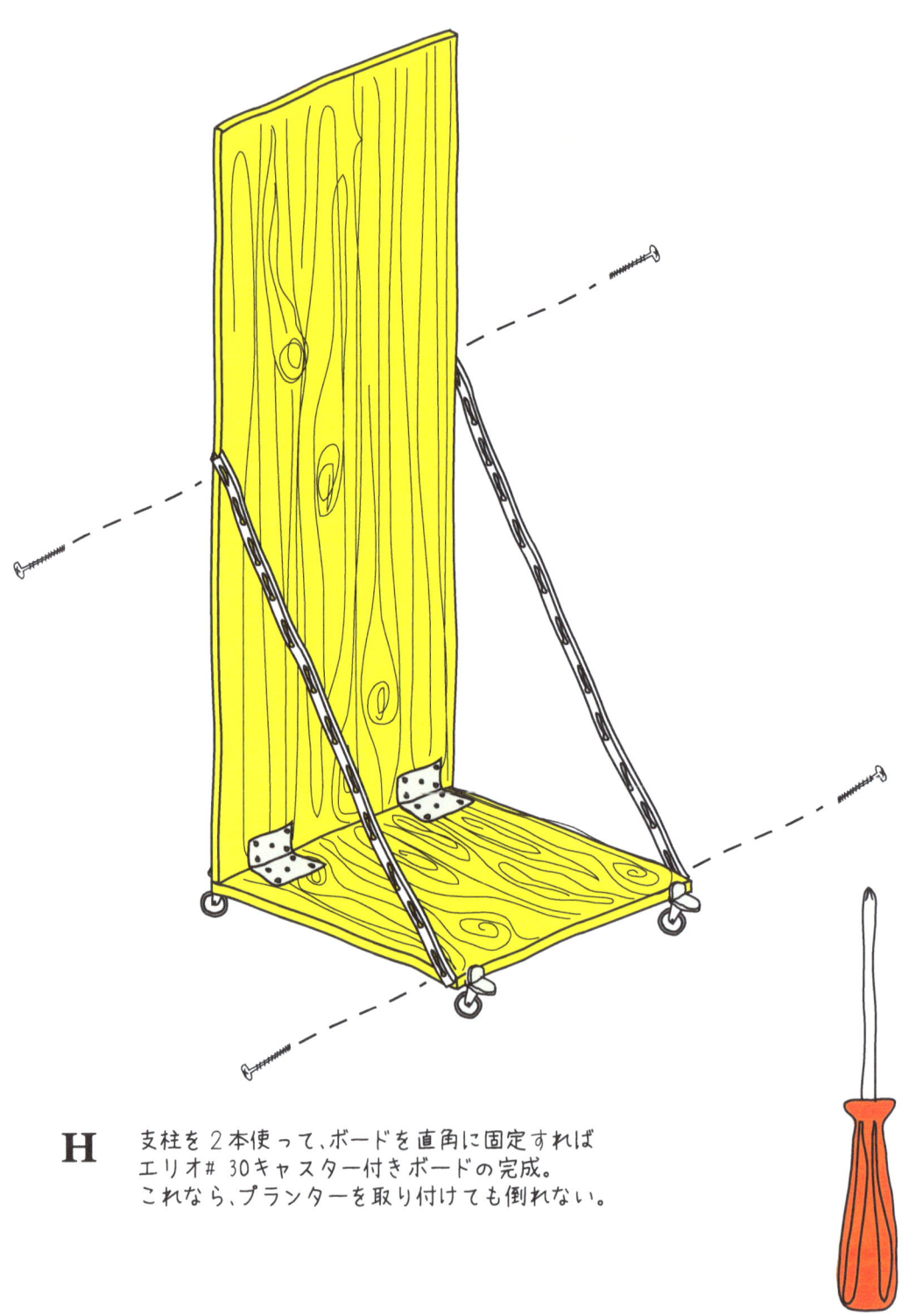

H 支柱を2本使って、ボードを直角に固定すれば
エリオ#30キャスター付きボードの完成。
これなら、プランターを取り付けても倒れない。

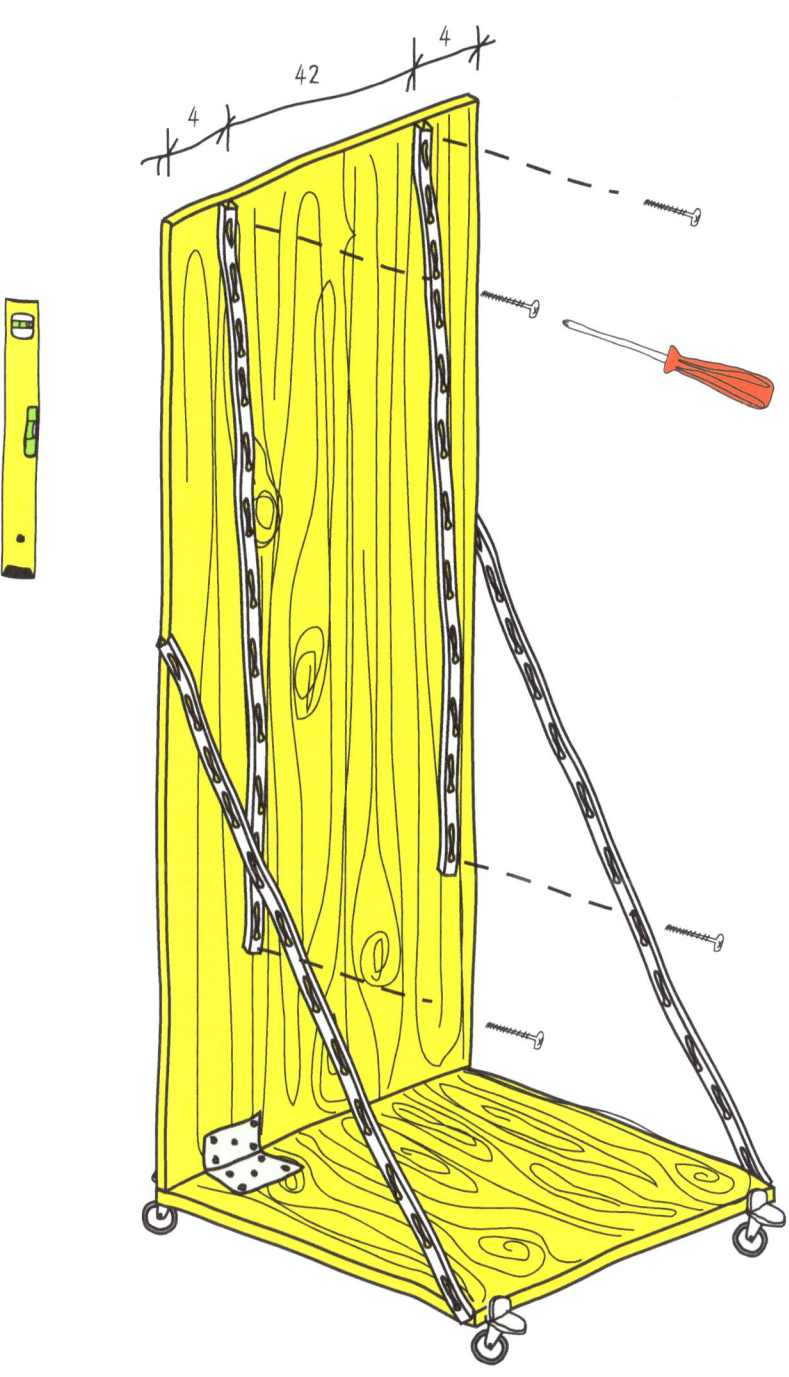

Ⅰ　支柱を42センチ間隔で取り付ける。水平器を使って垂直かつ平行であることを確認し、ネジで固定する。

2 プランターの作り方

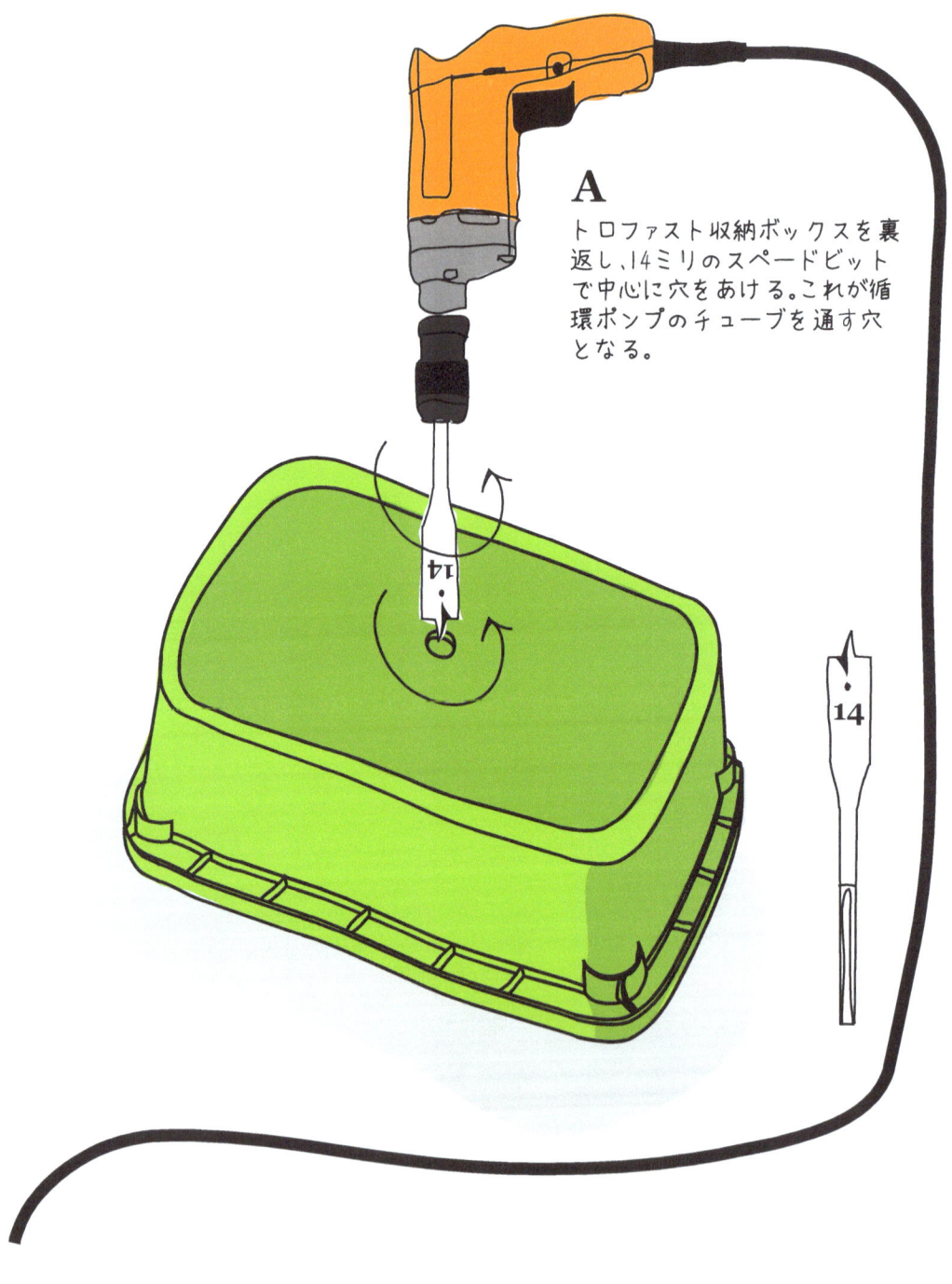

A
トロファスト収納ボックスを裏返し、14ミリのスペードビットで中心に穴をあける。これが循環ポンプのチューブを通す穴となる。

B

トロファストのふたに8カ所
印を付ける（イラスト参照）

C

50ミリのホールソーで、ネットポット用
の穴をあける。他のふたも同様に穴を
あける。

この例では4箱使用しているが、それ以上
取り付けることも可能。

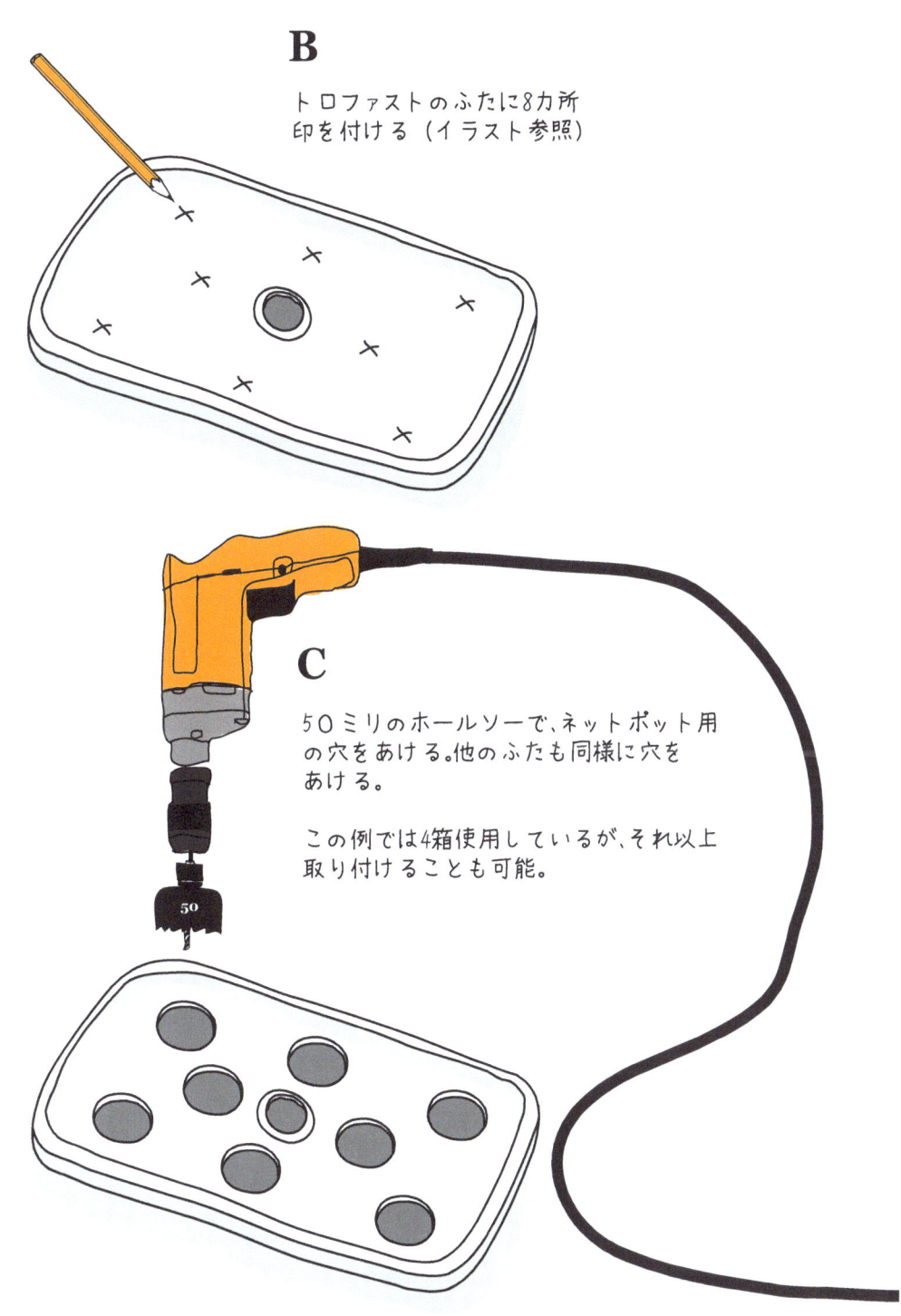

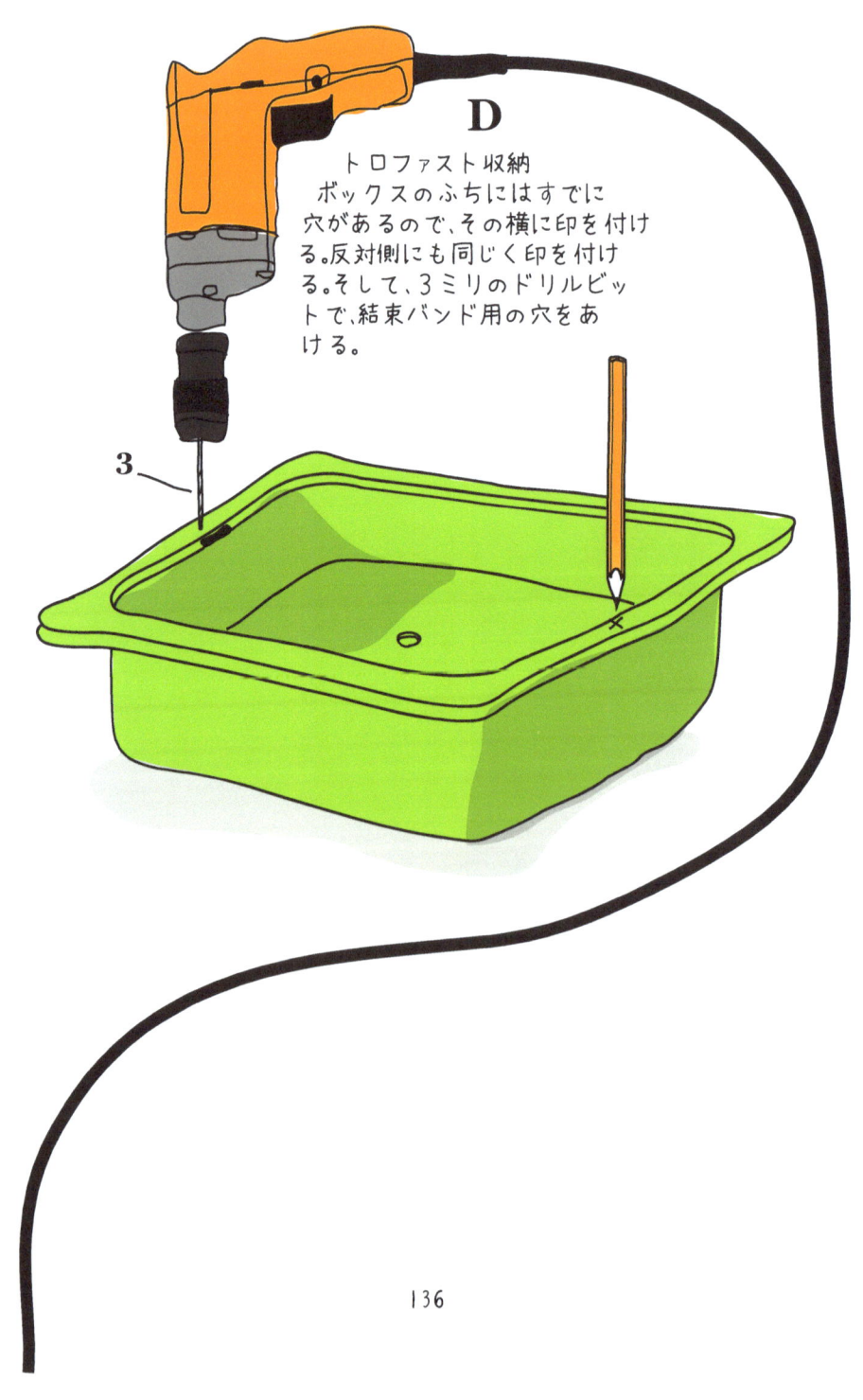

D
トロファスト収納
ボックスのふちにはすでに穴があるので、その横に印を付ける。反対側にも同じく印を付ける。そして、3ミリのドリルビットで、結束バンド用の穴をあける。

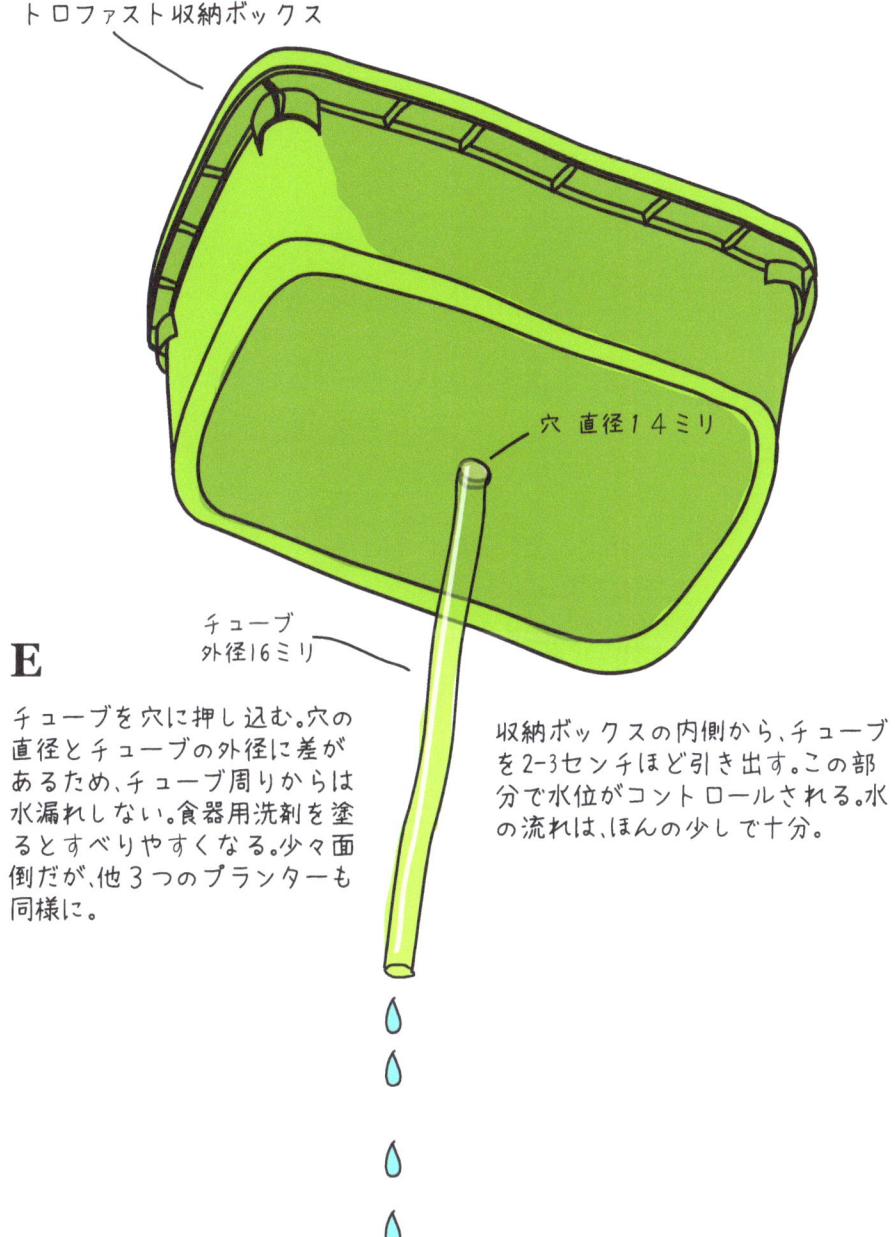

トロファスト収納ボックス

穴 直径１４ミリ

チューブ
外径１６ミリ

E

チューブを穴に押し込む。穴の直径とチューブの外径に差があるため、チューブ周りからは水漏れしない。食器用洗剤を塗るとすべりやすくなる。少々面倒だが、他３つのプランターも同様に。

収納ボックスの内側から、チューブを2-3センチほど引き出す。この部分で水位がコントロールされる。水の流れは、ほんの少しで十分。

3 プランターの取り付け

この工程はエリオ#30とほとんど変わらないが、参考のため繰り返す。

A

支柱が固定されたら、次はブラケットを取り付ける。上に2つ、下に2つ、そして間に2つ。この時点ではまだ不安定だが、プランターをのせれば問題ない。

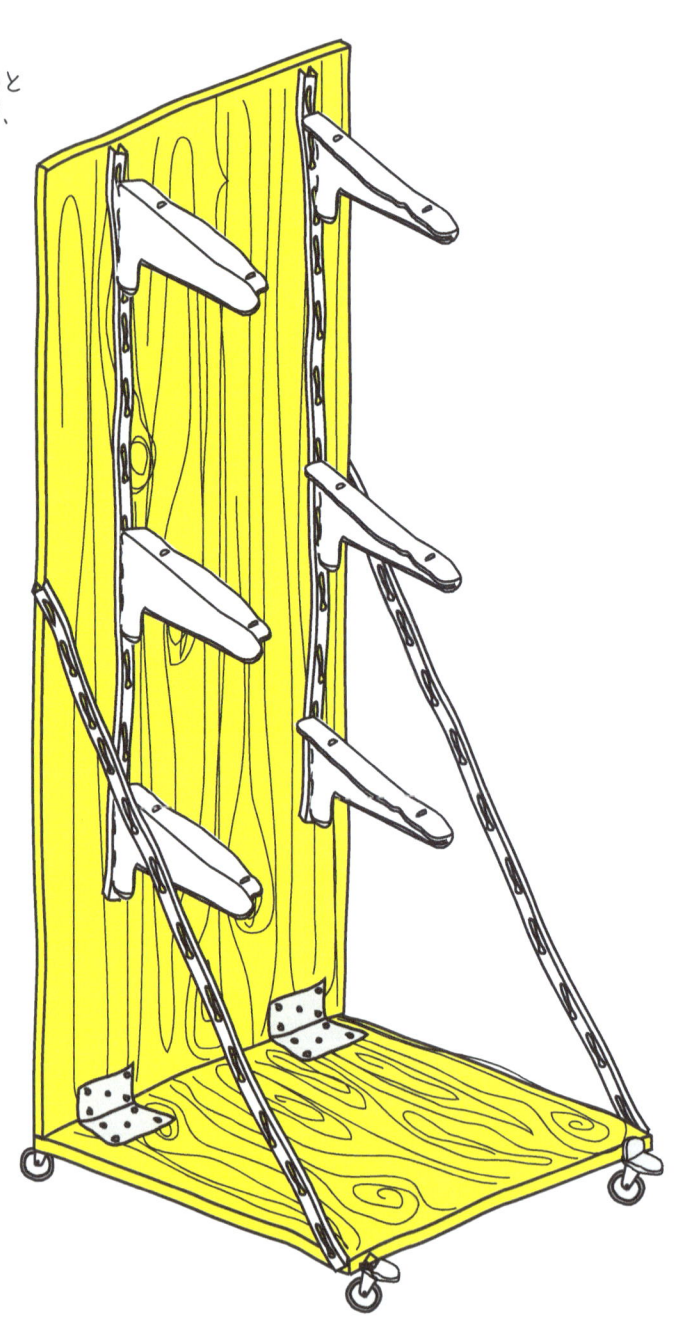

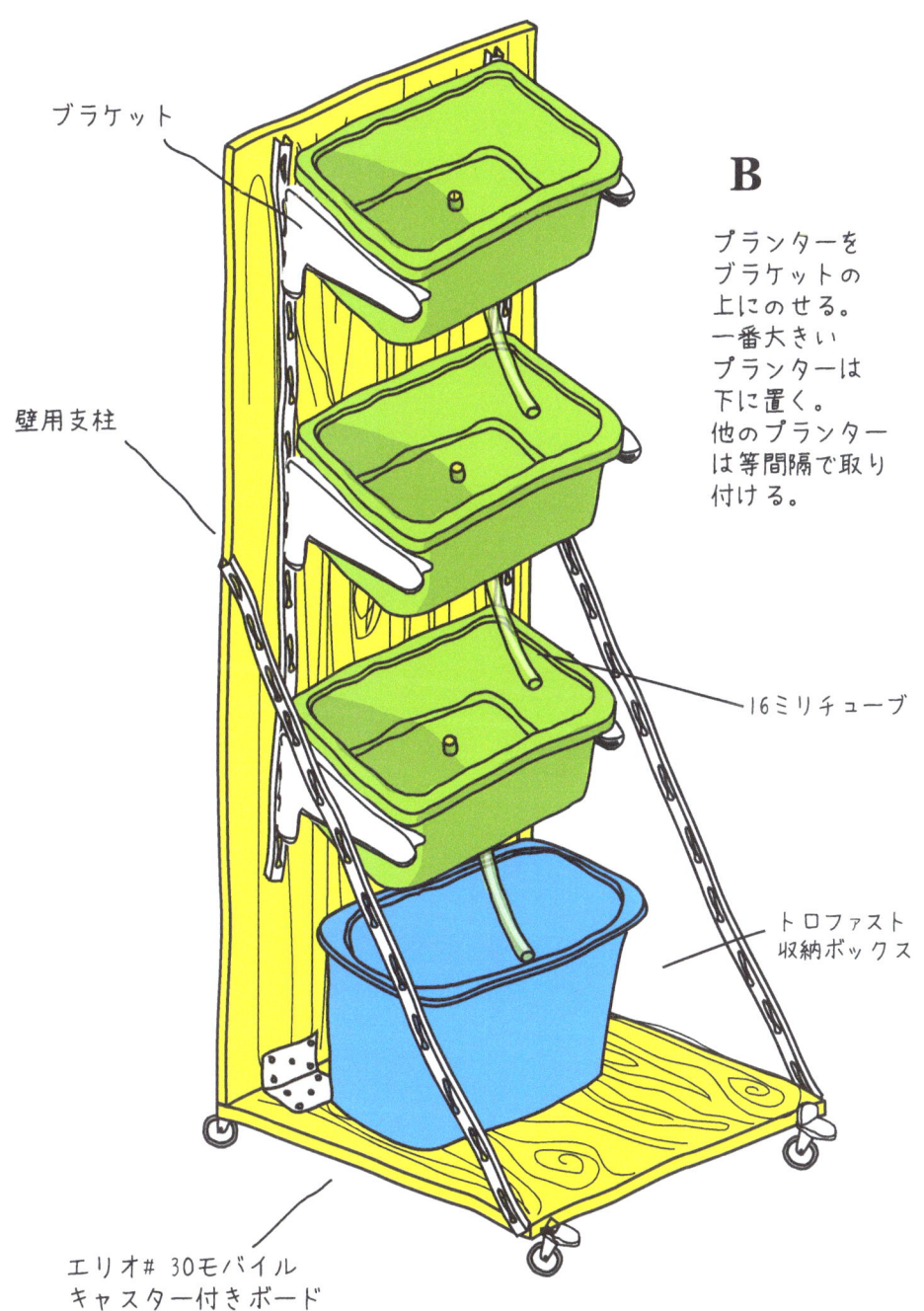

B

プランターを
ブラケットの
上にのせる。
一番大きい
プランターは
下に置く。
他のプランター
は等間隔で取り
付ける。

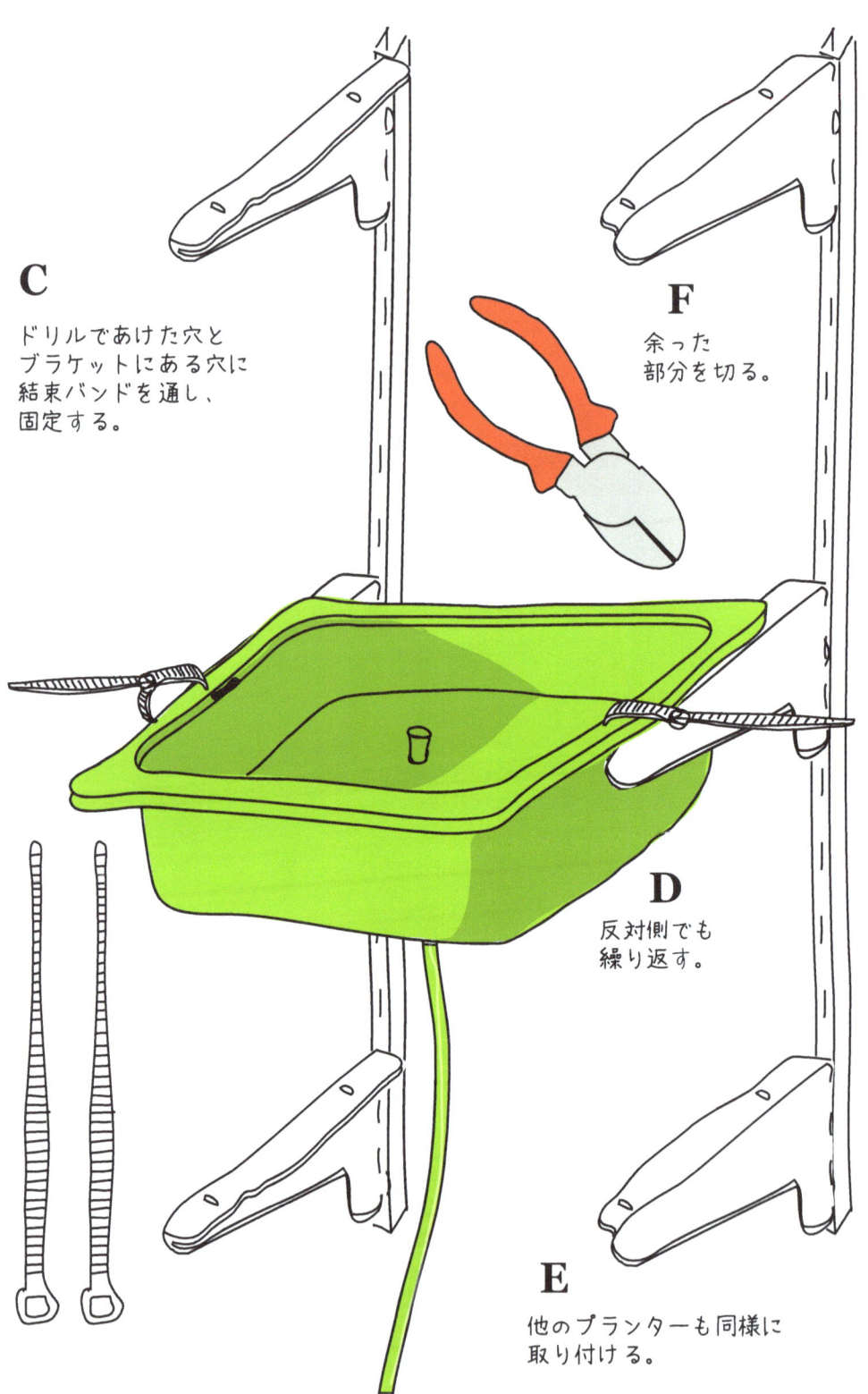

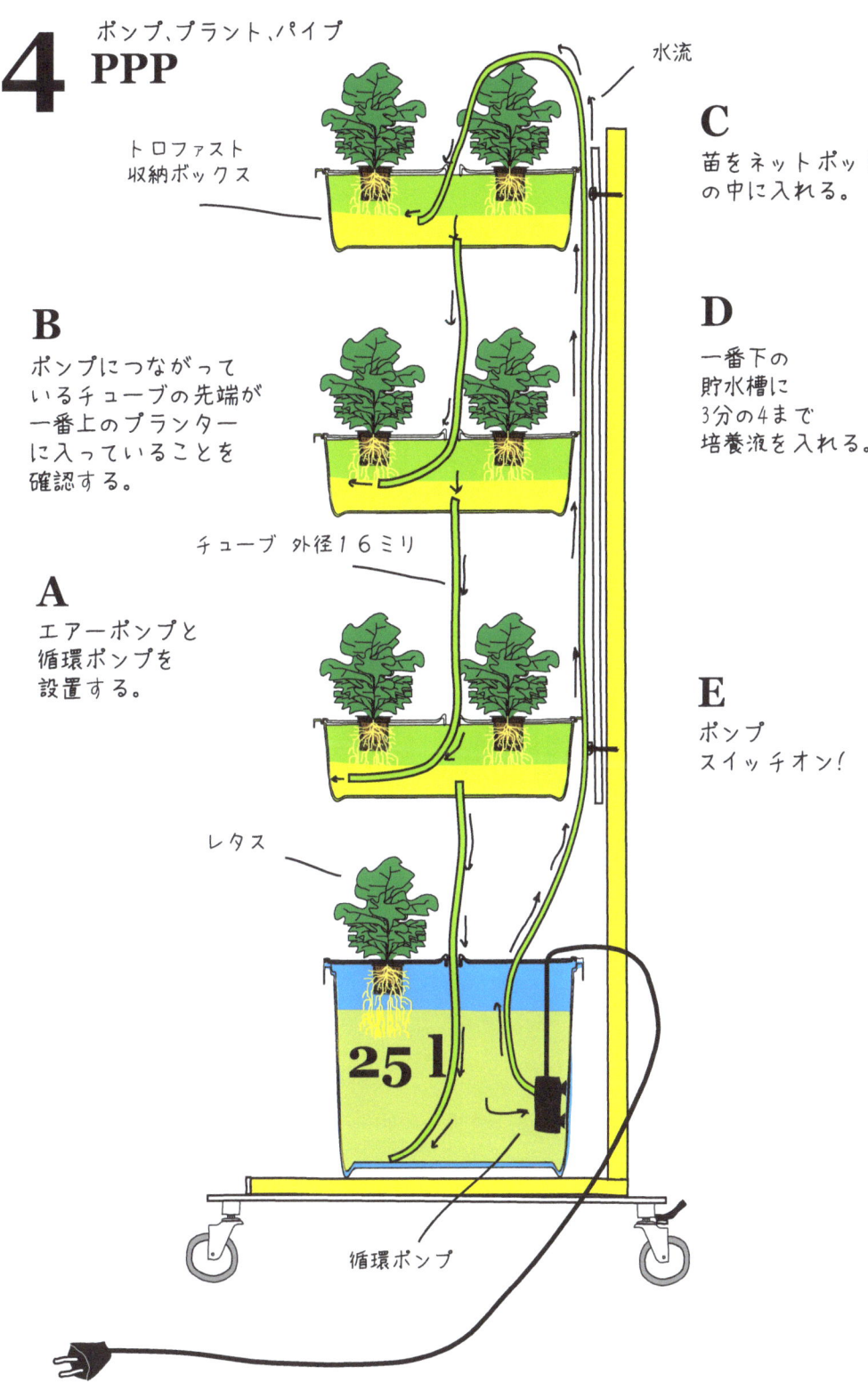

5　ネットポットの取り付け

ふたの穴にチューブを通す。収穫時や掃除をする時は簡単に取り出すことができる。

チューブとポンプのコードは、貯水槽のふたの穴に通せば、すっきりする。

この時点でプランターにネットポットを入れることができる。根が水の方向に伸びていくので、ポットは水に直接触れなくても大丈夫。

エリオ#30
モバイル
オフグリッド

池用ポンプのソーラーパネルは色々な種類のものが出回っている。これを利用すれば電力も自給できる。

ソーラーパネルは常に改良されているため、ブランドや商品をすすめることはできない。

一番日の当たる位置に、パネルを取り付けよう。

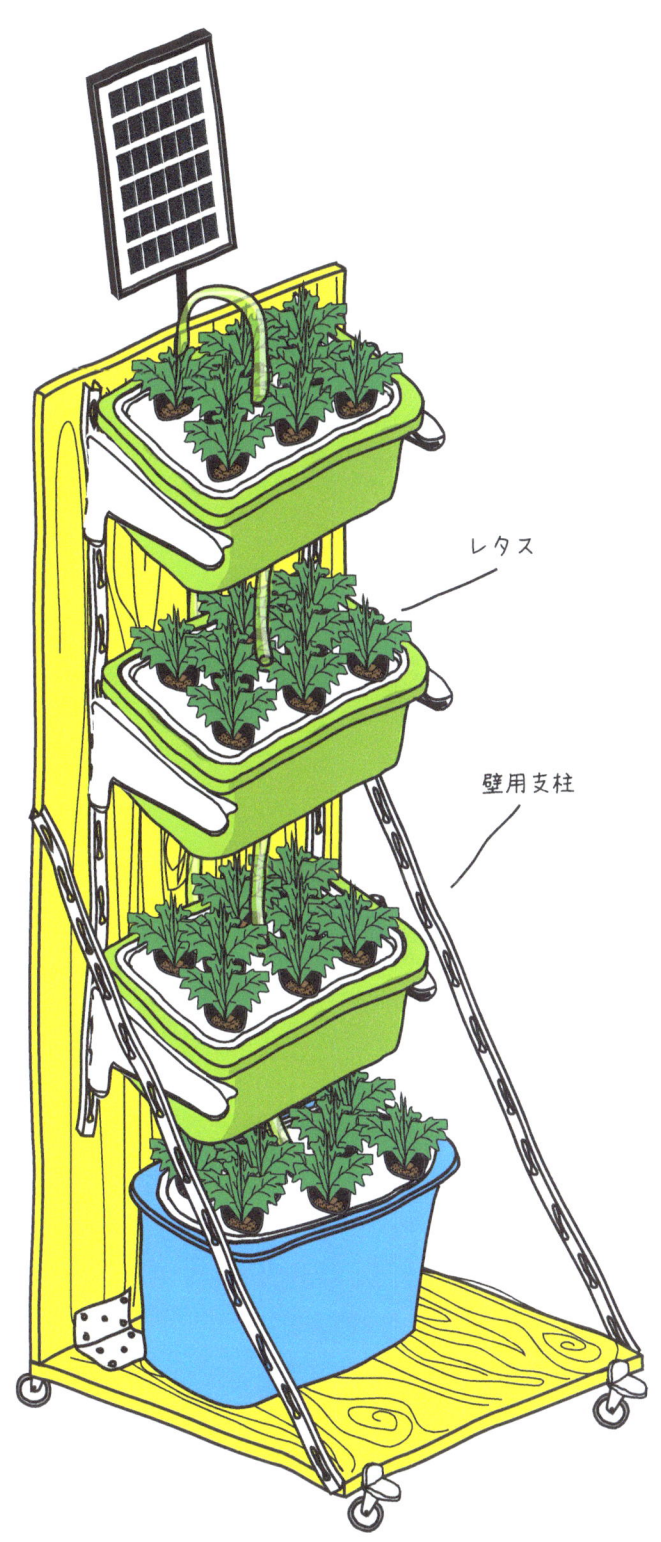

レタス

壁用支柱

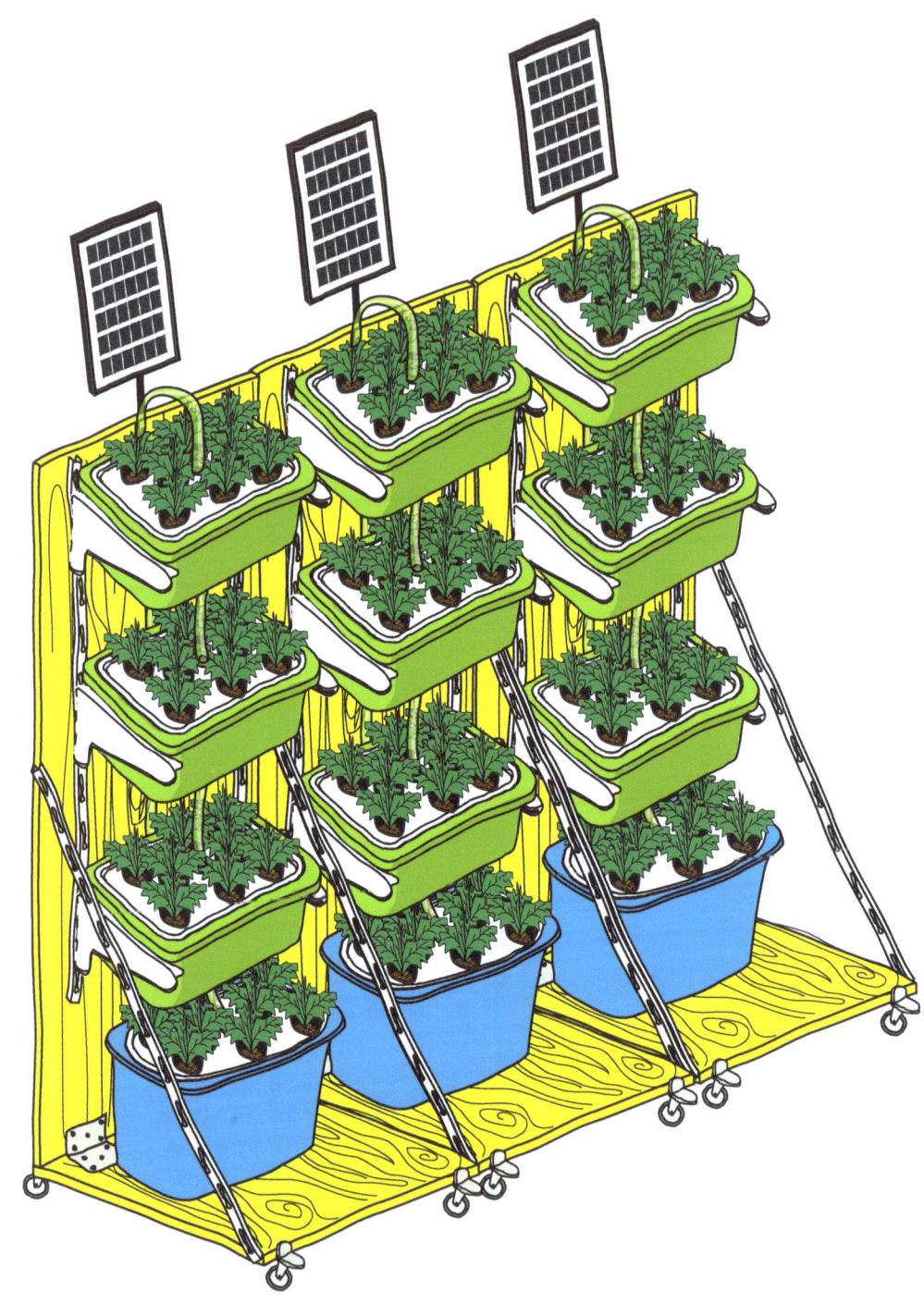

これがエリオ#30モバイル
トマトも育てられる

作り方：

A エリオボードの裏側に支柱を取り付ける。
これも42センチ間隔で垂直かつ平行に。

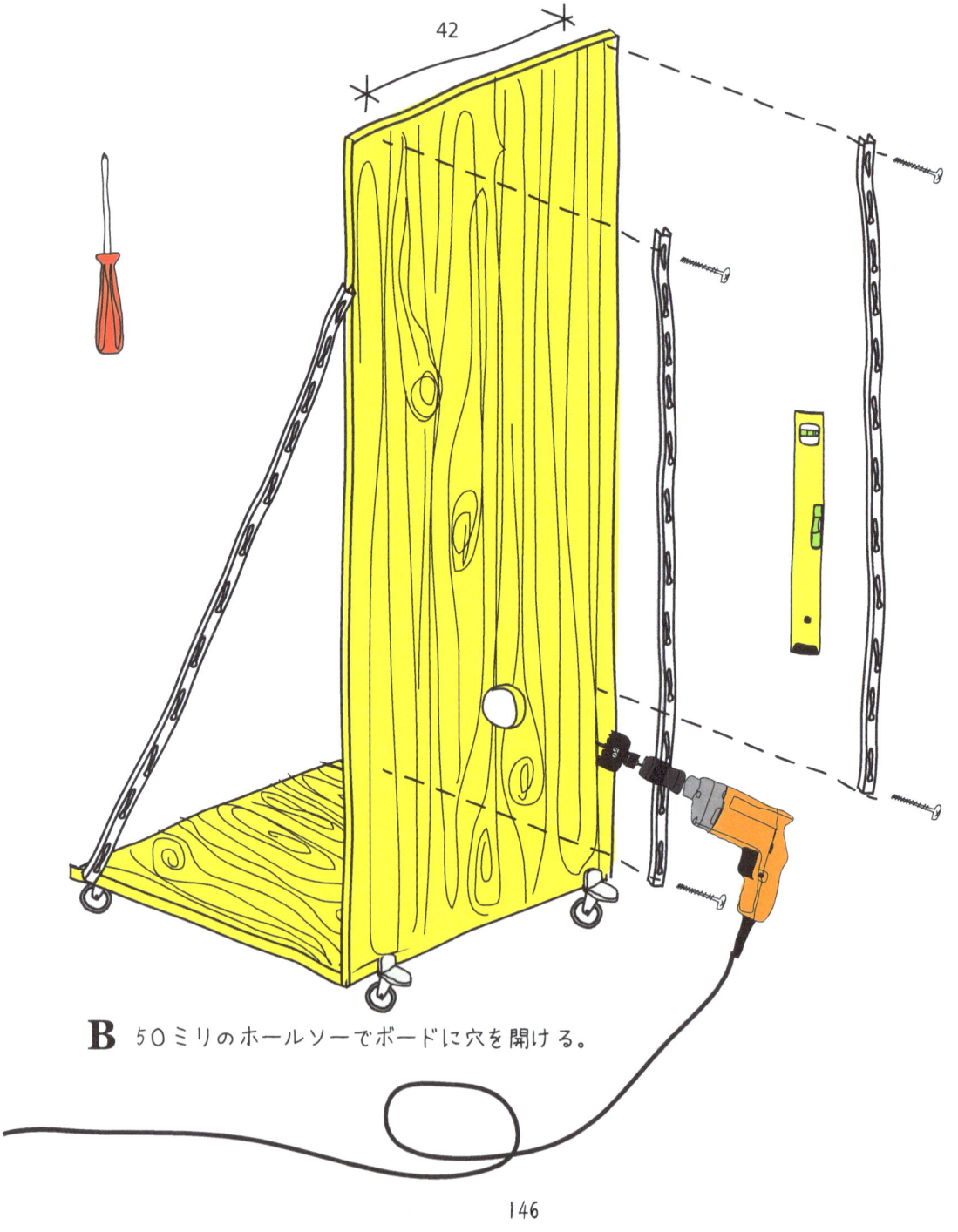

B 50ミリのホールソーでボードに穴を開ける。

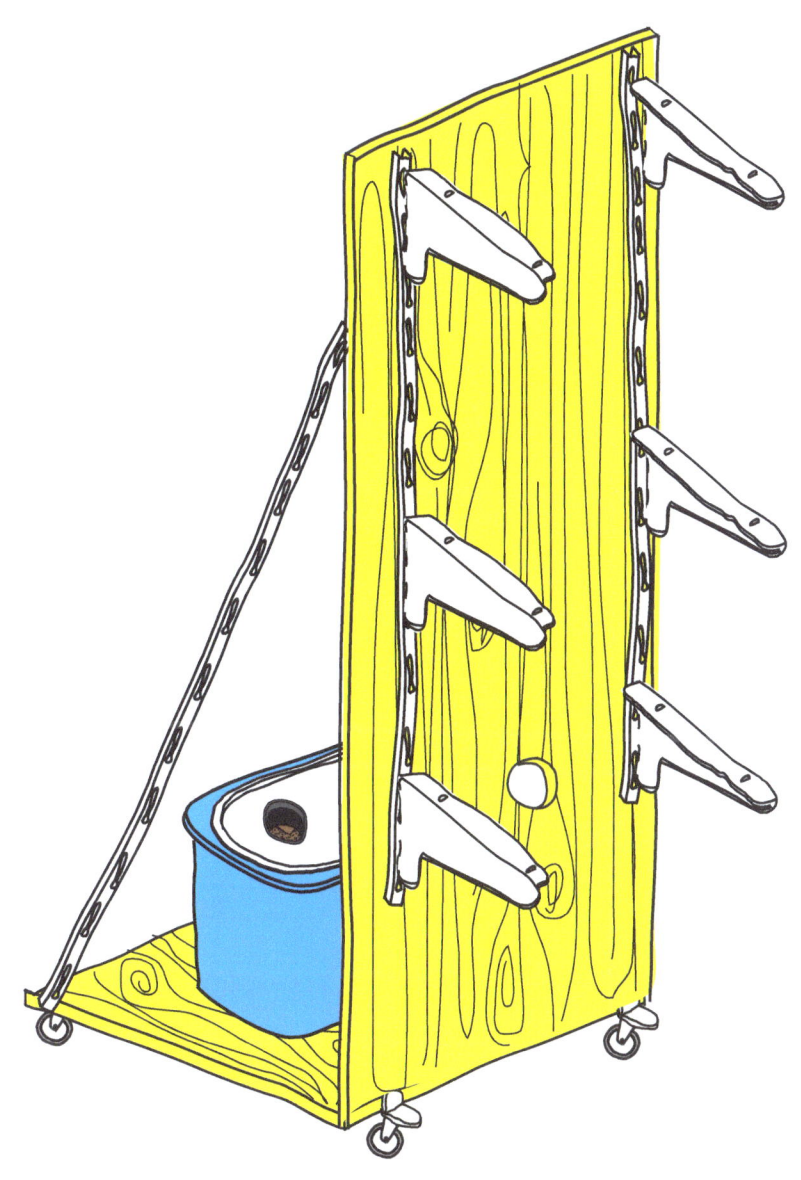

C　ブラケットを取り付け、トマト用のプランターを反対側に置く。
　　これでバランスが良くなり、安定する。

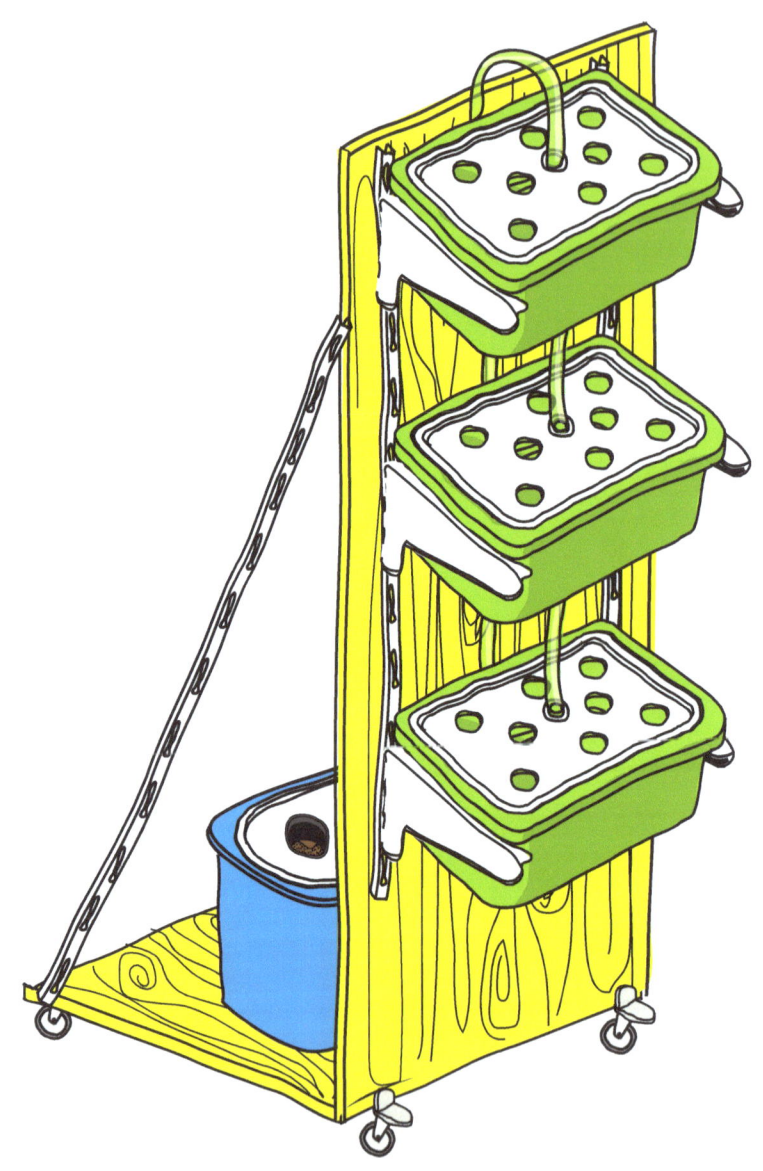

D エリオ#30モバイル（第5章）のステップB、C、D、Eで紹介した通り、結束バンドでプランターを固定する。

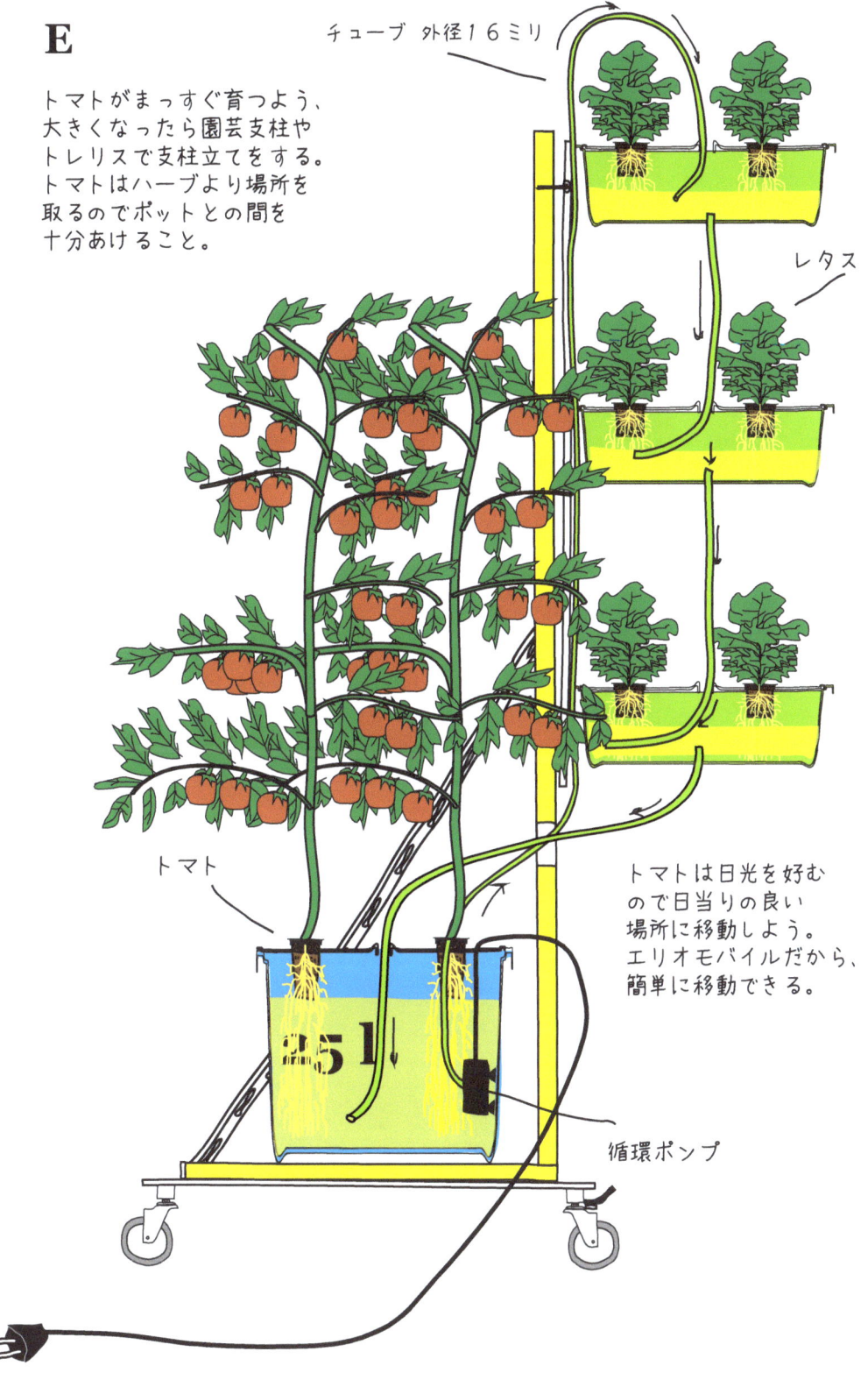

あとがき

２００１年の夏、ヴェネツィアに住んでいた私は、二人の素晴らしいアーティスト、中村政人と申明銀（シン・ミョンウン）に出会った。私はまだ学生で、修士論文に取りかかっていた頃だ。政人は、ヴェネツィア・ビエンナーレの日本館出品者の一人であり、その準備のためミョンウンと共にヴェネツィアに滞在していた。短い間だったが、現地のアートシーンに興味があった彼らと一緒に時間を過ごすことができ、自分の作品を見てもらった。「アーティストの社会における役割」という私の大事な課題についても話し合い、ミョンウンと政人は私に、アートに対する考え方の発展につながるカギを与えてくれた。

彼らによれば、アートは新しい窓を「開く」ものであり、可能性を提示すべきものである。批判することも大事だが、批判した社会からの抜け道、言い換えれば、もっと良い社会への入り口を描写しなくてはならない、と教えられた。彼らは私の作品に対して、「悲劇を美化する」トラップに陥っていると指摘した。苦しみや悲しみを美しいアートとして象徴するのは簡単すぎることだ、とも言った。美術家、建築家として、私たちは変化の可能性を見いだし、描かなくてはいけない。アートは想像に力を与えるべきだ。以来、私はこのモットーを自分のものとしてきた。

２００１年の夏は、私にとって重要な夏となった。7月、G８サミットが開催されたイタリア・ジェノヴァには、何千人もの"グローバリゼーション批判派"が集まった。一見穏やかと思われたデモの最中に何かが起こり、騒動と混乱に陥った。コントロールを失った特務警察は、武器を持たない平和的なデモ参加者を攻撃し、若い男性一人が殺害された。その数日後、地政学誌『リメス』（Limes）のディレクター、ルーチョ・カラッチョーロが、ジェノヴァで新しい集団がデモを始めたと宣言した。その集団は反グローバル化（no-global）ではなく、従来とは違ったグローバル化（new-global）つまり新しい種類のグローバリゼーションを求めていた。私はこの考えに賛同し、デザインと建築を自分のアクティビズムに、そして新たな可能性の提案を活動の手段とすることにした。

私はその時、新しい世界観が必要だと感じた。今まで自分の周りの世界を表現するために使ってきた概念は、時代遅れであり、新しいコンセプチュアルツールを作らなくてはならなかった。修士論文ではIT、インターネットを使って新たな"都市"を想像するというプロジェクトについて考えていた。同じ夏、政人とミョンウンに招待され、彼が主宰するアーティスト団体「commandN」による"スキマ"をテーマにした展覧会に参加した。この会のため私は、インターネットを利用できる人と、そうでない人の間に生じる一種のスキマ、デジタルデバイド（情報格差）をもとに世界地図をデザインした。この作品は、私のインターネットマップ第一版となった。

その地図では、1ピクセルを千人とし、インターネットを利用できる国民の数と国の面積を比例し、引き伸ばした。インターネットを利用できない人口を海の青色で表したこの作品では、グローバリゼーションの「大きさ」を見せたかった。そして、世界を国境ではなく人の数で象徴する地図を作りたかった。他にも、文化や政治に関する情報を、領土ではなく人口を基に表した地図をデザインした。私はこの地図を使って、人々が国境を問わず、あらゆる条件によって"つながる"シナリオを表現したかった。世界中で何人の人が民主主義国家、あるいは死刑存置国に住んでいるか等、また、何人の人が同性愛者を迫害する国に住んでいるか等。こうして私は、政人とミョンウンが開けてくれた窓に飛び込んだのだ。私は自らが一員であるこの世界を、より深く理解するためのツールを作りたかった。

以来、「人々で作られた世界」というパラダイムが私の作品の枠組みとなっている。この地球に、今ほど人間が住んでいたことは無い。だが、インターネットの普及により、人々はマウスのクリック一つで、すぐにつながることができる。こういった新しい状況下で、私は作品を作り続けている。「エリオ」はそんな中で生まれた。

私は人々を、"アイデアを形にする製造者"に変えたかった。建築家やデザイナーが作るのは、何よりもアイデアなのだ。誰もが実現できるアイデア。イマジネーションで人々に力を与えたいと思う。

最後に、政人とミョンウンに感謝の気持ちを捧げたい。彼らには、多大な恩を感じている。そして、『エリオ』が日本語で出版されるのをとても光栄に思う。日本語版を可能にしてくれた、訳者の赤尾木織音にも感謝している。

AS

「平手打ちマネジメント」
ーマニフェストノートー

エイドリアン・ノッツ

キャバレー・ヴォルテールでの「ダダ・ニューヨークII: 世界資本主義を叩き潰す革命」展のため、アントニオがエリオの原型、Readykea に取りかかっていた頃、私はザンクト・ガレン大学でマネジメントのクラスを指導し始めました。学生と共に様々なマネジメントの手順や技法、問題解決のノウハウについて学び、アントニオの言葉を借りれば、マネジメントの「コンセプチュアルデバイス」を身につけていたともいえるでしょう。私は、なにもかも「コンセプチュアルデバイス」として考えることができると思います。マネジメントでは彼の言葉遣いが特にふさわしいですが、他にも世の中の色々な問題を理解し、対応していく上で重要な思考方法だと考えています。

このクラスを指導して分かったのは、ビジョン（経営理念）さえ一種の「デバイス」になってしまうということ。ビジョンとは、船乗りが頼りにする北極星のように、決して手の届かない星と例えることができます。彼らが北極星に辿り着けないことを知っているように、ビジョンは到着点ではなく、導くものと理解しなくてはなりません。これが、マネジメントでいうビジョンの定義です。もし達成できてしまうのであれば、それはビジョンではなく、単なる目標にすぎません。何か新しいことを始める際には、まずビジョンが必要となります。

エリオのビジョンは、誰もがイケアストアに行き、栽培「装置」を作り、食べ物を育てる、といったものかもしれません。サステイナブルな方法で、消費する場（つまり家庭）で食料を生産する。それがエリオのビジョンではないでしょうか。また簡単に言えば、エリオを使って地球温暖化対策に貢献し、自分たちのためにもいいことをする。このようにビジョンを確立した上で、目標を立てていきます。

目標を設定する際、5つのポイントがあります。目標という一種の「コンセプチュアルデバイス」の作り方と言ってもいいでしょう。全てのモデルやマニュアルのように、至ってシンプルなもので、手の指5本で説明することができます。正式な名前はありませんが、「目標を立てるための五本指モデル」はあまり耳ざわりが良くないので、アントニオの提案により「平手打ちマネジメントモデル」と命名しました。

「平手打ちマネジメントモデル」では5つのカテゴリーを作り、全てをその中に分類することが可能です。そのため、アイデアや課題を様々な状況に移すことが簡単になります。このモデルは、情報を色々な型に入れ、手に取り、掴み、(平手打ちのように) 触覚的に理解できるものへ変換する方法なのです。

「平手打ちマネジメントモデル」をアントニオのエリオに適応し、彼のプロジェクトを分析したいと思います。

親指
まずは親指から。親指のおかげで、物を掴み、しっかり持つことができます。「平手打ちマネジメントモデル」では、親指はプロジェクトの背景を指します。背景は、プロジェクトの出発点、目的、可能性のアセスメントであり、それらを理解すれば、SWOT分析を行う事ができます。SWOTでは、プロジェクトの強み (Strengths) と弱み (Weaknesses)、機会 (Opportunities) と脅威 (Threats) を検討します。

エリオの強みは、組み合わせ方がシンプルで、材料が手頃であること。そして世界中どこでもイケアがあれば作ることができ、作りながら、何か「良いことをしている」という満足感が味わえることでしょう。弱みとしては、イケアが近くに無い場合、遠出して買いにいかなくてはならないこと、完成品の見た目が簡素であるということなど。エリオが目標達成のため利用できる機会は、今、環境問題が注目され、
「エコ」がファッショナブルで、主流とまでなっていることです。こういった意味で、イケア商品を使うのは良い選択だったかもしれません。最後の脅威ですが、全世界で唯一、エリオが対象となるものを限定することは困難だと思います。

人差し指
次は人差し指です。人差し指は名前の通り、何かを指す時に使い、このマネジメントモデルでは目標を表します。エリオの目標は、一人でも多くの人にこのプロジェクトを知ってもらい、ハイドロポニックスでの自家栽培がどれだけ簡単なのかを伝えることです。背景を分析すると、目標が現実的かどうかもわかります。シンプルなデザインでイケア商品を利用したエリオは、とても現実的だと思います。

中指
中指はファックサインの指でもありますが、マネジメントではストラテジーの発展を意味します。中指を立てるパンチの効いた仕草のように、目標達成のための勢いとなるもの、つまり戦略、計画、人材、資金、組織、商品等の象徴でもあります。

このプロジェクトは、エリオという「コンセプチュアルデバイス」、つまりデザイン知識そのものをハウツー本という形で商品化して、目標を達成しようとしています。自分で作れて、たくさんの時間も費用もかからないエリオは、商品としていたってシンプルなのです。

薬指
計画を立てたら、今度は実行する番です。ここで薬指の登場です。薬指は、結婚指輪の指なので、私はプロジェクトの本格的な始まり、契約の成立を意味するために使っています。プロジェクトがいったんスタートすれば、出費があり、物資が移動し、部下が指示を求め、様々なものが関わってきます。これらは何かを作り始めたという証拠です。アントニオはエリオを作り、今あなたが読んでいるこの本にまとめ、出版しました。

小指
最後に残ったのは小指です。特に機能はありませんが、小さいため、探求的な指だと言えるでしょう。私は、小指を一種のモニタリングシステムと考えており、計画に沿ってプロジェクトが進んでいるかをチェックする指としています。この最終段階で、成果を振り返ることもできます。プロジェクトがもたらす影響を調査し、感想や意見を集め、経験から学ぶ時間を設けることは、小指のように不可欠ではなくとも、あれば便利なものです。また小指は親指（背景）とよくつながり、他の指が入らないところにも入れます。
エリオが辿ってきた道のりをまとめたいと思います。この本はクラウドファンディングキャンペーンで実現されました。イケア社にも協力を得ています。本の中のアイデアは、実行家、そして製造者となる読者、いわゆる「ワンマン工場」によって作られます。そんな世界中のワンマン工場が一体になり、アントニオの言う「クラウドファクトリー」(crowd factory)、「群衆工場」がサステイナブルな解決策を生みだしているのです。パラダイムシフトを暗示するアントニオのエリオは、人々に食べ物を育てる知識と行動力、そしてアイデアを形にする力を与える「コンセプチュアルデバイス」なのです。

手の指五本を使って、エリオがどのようにして実現されているか説明してみました。エリオがさらに広まり、現実化するにつれて、ますます大きな
（平手打ち並みの）インパクトが期待されます。Slap!

エイドリアン・ノッツ　Adrian Notz（1977年チューリッヒ生）
ブレーメン芸術大学（HFK）美術学部を経て、チューリッヒ芸術大学（ZHdK）でアート論専攻。2004–2006年キャバレー・ヴォルテールのキュレーター、2006年よりコーディレクター、2012年よりディレクターを務める。
2010年ザンクト・ガレン大学美術学部のディレクターに就任。

訳者あとがき

私がアントニオに出会ったきっかけは、一冊の本でした。そのタイトルは、A Guidebook of Alternative Nows*1。「もっと社会的、経済的、環境的に正しい"今"」をテーマに、様々なアーティストやグループが手がけたエッセイ集です。その中にあったのがアントニオのJust Undo It*2。フード付きパーカーを風呂敷のように結んで、枕やバッグなどに変えるというプロジェクト。エリオと同じく、身近な物の新しい利用法を考えることがコンセプトでした。この本の執筆者数人に連絡を取り、インターンシップを依頼したところ、最初に快く受け入れてくれたのがアントニオでした。そして、インタビュー後、ELIOOOを日本語に翻訳する仕事を任されたのです。

不安まじりに「コンセプチュアルデバイス」のオフィスに足を踏み入れてから、はや一ヶ月。毎日、とても貴重な経験をさせてもらいました。ネット上で知り合い、まさかこれほどの関係を築くことができるなど、思ってもいませんでした。この機会を与えてくれたアントニオには、心から感謝しています。

なお、この本で使用している手書き風の書体についてですが、英語版では、アントニオが自ら作った、彼の手書き書体「Scarponio」を使っています。日本語版でもこの手書きの感じを伝えたいということで、「れいこフォント」という書体を選びました。

翻訳している最中、たまたま自作アクアポニックス装置の記事を見つけ、参考にさせてもらったブログ「PENGINE（ぺんじん）」*3。著者の江里洋和さんに連絡を取ったところ、プルーフリーダーを担当してくれることになりました。ご協力ありがとうございました。

こうしてネットを通し、色々な人と出会い、つながり、コラボレートしながらこの仕事ができて光栄です。

最近では日本でもイケア店舗が増えてきています。この本を使って、是非みなさんも、エリオ式自家栽培に挑戦してみて下さい！

赤尾　木織音

脚注：
*1 A Guidebook of Alternative Nows PDF版はこちらから：http://www.alternativenows.net/
*2 アントニオのJust Undo It：http://www.conceptualdevices.com/2010/03/just-undo-it/
*3 江里洋和さんのブログ「PENGINE（ぺんじん）」：http://penginez.com/
他にも新しい菜園メディア『おうち菜園』：http://ouchisaien.com/

赤尾　木織音
聖心インターナショナルスクール中退後、"Not Back to School Camp"に参加、オレゴン州のAPROVECHOでパーマカルチャーデザインコース(PDC)修了。
現在ベニントン大学在学中。
kionekochi@gmail.com

www.ingramcontent.com/pod-product-compliance
Lightning Source LLC
Chambersburg PA
CBHW041520220426
43667CB00003B/53